J. R. Rohling:

Larry Otter und der Knüppel aus dem Sack

eine schamlose Parodie

Herstellung: Books on Demand GmbH
ISBN 3-8311-4522-9

Vorwort

Harry Potter gehört sicherlich zu den unerklärbaren Phänomenen des 21. Jahrhunderts. Irgendwann zu Beginn der 90er Jahre erfand die englische Lehrerin J. K. Rowling den zaubernden Underdog Potter, der durch Zufall oder günstige Vermarktung oder einem alten Zigeunerzauber sich verkaufte wie geschnitten Brot. Böse Zungen behaupten, die ehrenwerte Miss Rowling hätte ihr literarisches Werk nicht aus sich selbst geschaffen, sondern es - äh - „entlehnt". Wie dem auch sei: so unerklärbar wie die Entstehung des Phänomens so unleugbar ist auch der Erfolg. Vor allem in Geld. Viel Geld.

Und so stieß ich auf ein Exemplar des ersten Bandes der inzwischen in weltweiter Millionenauflage erscheinenden Geschichte vom Zauberlehrling und dachte mir: Wenn diese Frau Rowling damit richtig Kohle gemacht hat, müsste ich doch auch auf den Zug aufspringen können. Und so feuerte ich meinen guten alten TRS-80 an, spritze mir literweise Alkohol intravenös und schlug einige Mal mit der Stirn auf die Tasten.

Übrigens werden Sie feststellen, dass sich sowohl der Erzählstil als auch der Charakter meines Protagonisten Larry Otter zum Ende massiv ändert.

Das liegt nicht etwa daran, dass ich damit auf Frau Rowlings eher - äh - „eigenwillige" Stilwahl und Handlungsführung anspiele, sondern es hat etwas damit zu tun, dass die Wirkung meiner Medikamente zum Ende nachgelassen hat.

Aber da sie dieses Buch gekauft haben und es nicht mehr zurückgeben können, ist mir das sowieso egal.

Jane R. Rohling

P.S. Dies ist eine Parodie. Nichts hiervon ist böse gemeint.

P.P.S. Das glaube ich jedenfalls.

Kapitel 1:
Buggels und andere Menschen zweiter Klasse

Es war ein Abend wie jeder andere im Unterhosenweg. Die anständigen Bürger, die dieses Viertel bewohnten, hatten den ganzen Tag lang die Ordnung aufrecht erhalten. Das hieß Rasen mähen, Gartenzwerge putzen, kleine überzüchtete Hunde an die Hecke des Lieblingsfeindes pinkeln lassen und natürlich Falschparker anonym anzeigen. Jetzt aber war die Dunkelheit gekommen und die braven Bürger zeigten, dass sie gerne hinsahen. In die Glotze nämlich. Sonst sahen sie gerne weg - wenn jemand Kinder verprügelte zum Beispiel. Oder wann sonst Zivilcourage gefragt war.

Während also in neunzig Prozent der Haushalte im Unterhosenweg der Hausaltar flimmerte, sich das Glücksrad drehte und sich in Gameshows geldgierige Proleten in jeder erdenklichen Weise prostituierten, geschah etwas Merkwürdiges.

Mister Varmint Morsley, mittlerer Angestellter in einem Lager der internationalen Kaufhauskette A&K (Abzock und Kaufrausch), bog wie jeden Werktag mit seinem schäbigen Toyota in den Unterhosenweg ein. Kurz erfreute er sich an dem Schild „Kinder!

Höchstgeschwindigkeit 30!", dessen Aufstellung er selbst beim Ordnungsamt durchgeprügelt hatte. Selbstverständlich beachtete er es nicht, schließlich ließ er sich doch von den Pennern auf dem Amt nicht die Fahrfreude nehmen, aber er hatte schon fünf Nachbarn angezeigt, weil sie zu schnell gefahren waren.

Fröhlich gab Mister Morsley etwas Gas, um dem Unterhosenweg seine Ankunft zu verkünden. Da bemerkte er, wie sich eine Katze geräuschvoll in seinem Vorgarten erbrach. Noch bevor sein Bewusstsein den Vorgang richtig verarbeitet hatte, notierte sein Instinkt, eine Rattenfalle mit Whiskatz zu präparieren, um das Mistvieh zu killen.

Als er sich aber darüber klar wurde, was die Katze in seinem Garten tat, war es schon zu spät. Sie hatte einen Flachmann hervorgeholt und schluckte munter drauflos.

Morsley parkte seinen Toyota blitzschnell, würgte den Motor ab und riss die Tür auf. Dabei nietete er einen Hippie in Technicolorhosen um.

„Such dir 'nen Job!", fauchte Morsley die Gestalt an, die vor ihm auf dem Gehweg kroch.

Mühsam richtete die Gestalt sich wieder auf und blickte Morsley mit glasigen Augen an. „Wwwenn isch nich grad den Flash hätte", lallte die Gestalt unsicher, „würd isch dich in ein hässlichn Frosch verwandeln tun..."

Der Fluch wurde von einem herzhaften Rülpser begleitet. Die Gestalt musterte Morsley noch mal und holte dann eine gewaltige Haschpfeife aus irgendeiner unergründlichen Tasche. Mit dem Geräusch eines Industriestaubsaugers inhalierte der Hippie mehr Dampf, als ein Wärmekraftwerk an einem Tag ausstoßen konnte.

Morsley fluchte und ging durch seinen adretten Vorgarten auf die Haustür zu. Die Katze hatte jetzt ein paar Pina Coladas hervorgeholt und zog sich damit die Birne zu. Morsley hämmerte an seiner Haustür. Seine Frau öffnete. Mrs Petunia Morsley hatte den Sex-Appeal eines Verkehrsunfalls mit vielen Toten und beidseitiger Sperrung der Autobahn. Varmint, der seine Frau schon lange nicht mehr beachtete, schob sie zur Seite, um nach dem alten Luftgewehr zu suchen.

Dabei stolperte er über seinen Erstgeborenen namens Bimbo. Der war so ein Klischee, dass man ihn kaum noch parodieren kann. Fett, hässlich und dumm, trug er ein Lätzchen mit der Aufschrift „negative Identifikationsfigur".

Während Mr Morsley sich verzweifelt im ehelichen Schlafzimmer durch einen Stapel alter Playboy-Ausgaben wühlte, um irgendwo den Schlüssel zum Waffenschrank zu finden, brach draußen das Chaos aus.

Der Himmel verfärbte sich pfefferminzgrün, es regnete blaue M&Ms, die Posaunen des Jüngsten Gerichts spielten die Rappversion von „Kung Fu Fighting" und ein Haufen von Neuheiden, die die Wiltshire Police operativ aus Stonehenge entfernt hatte, tanzte ausgelassen Mambo unter einem Stoppschild.

Während dies alles geschah trafen sich die saufende Katze und der haschende Hippie auf dem Bürgersteig vor dem Haus der Morsleys.

„Cool! Völlig abgefahren!", lallte der Hippie und malte unsicher einige obszöne Gesten in die Luft.

„Sie sollten nicht soviel rauchen, Professor Brumblemore!", ermahnte ihn die Katze.

„Professor McGonorrhöe", setzte der Hippie an, „wie Sie wissen, habe ich seit meinem heldenhaften Kampf mit dem bösen Magier Gierwald im Jahr 1945 eine alte Kriegsverletzung im linken Bein. Daher steht es mir aus medizinischer Sicht zu, ab und zu ein wenig Stoff zu mir zu nehmen, um diese schrecklichen Schmerzen zu betäuben."

Die Katze, in Wirklichkeit natürlich die berühmte Magierin Allnerva McGonorrhöe, kippte sich den Rest eines Caipirinha hinter die Binde und rülpste herzhaft. „Wenn ich mich recht erinnere, haben Sie damals versucht, die Burg von Gierwald mit erhobenen Händen zu stürmen, mein Lieber."

„Das war eine Kriegslist."

„Sie hielten ein weißes Tuch in ihrer Hand."

„Weiße Tücher für weiße Magie!"

„Der Witz ist geklaut. Außerdem hat sie Gierwalds Blitz nicht ins Bein getroffen, sondern in Ihren Hintern."

„Er hat schlecht gezielt. Wahrscheinlich war er noch besoffener als Sie, falls das geht."

„Ach, drück' dir doch noch einen Joint rein!"

„Versuch du lieber, den guten Bacardi nicht gleich wieder über die Nachbarschaft zu verteilen."

„Inkompetenter Schmalspurmagier!"

„Das muss mir gerade jemand sagen, der sich in eine Katze verwandelt hat! Eine Hexe in Gestalt einer Katze! Nein, wie überaus einfallsreich - ist ja noch nie da gewesen."

„Na und?! Was erwarten Sie denn von einem konventionell gestrickten Überraschungserfolg? Tiefsinnige Metaphern etwa?"
Leicht beleidigt kippte sich McGonorrhöe zwei Highballs hinter die Binde. Professor Brumblemore fand in irgendeiner Tasche seines bunten Mantels noch Reste von dem guten Stoff, den er heute morgen geraucht hatte.
Mitten in die beschauliche Stille klatschten ein paar Schüsse. Mr Morsley hatte wohl endlich sein Gewehr gefunden und feuerte vom Dachfenster aus auf die Katze bzw. Professor McGonorrhöe.
„Wir sollten uns zurückziehen", lallte Brumblemore unsicher und taumelte aus der Reichweite des braven Bürgers. McGonorrhöe verwandelte sich in ihre richtige Gestalt: ein Bündel Lumpen mit langen strähnigen Haaren in straßenköterblond und tiefen Ringen unter den geröteten Augen.
Bevor auch sie hinter einer Mauer vor dem wild um sich schießenden Morsley in Deckung ging, zog sie noch eine Flasche Kentucky Bourbon aus ihrer Tasche. Als sie wieder mit Professor Brumblemore zusammentraf, war die Flasche schon zu einem guten Teil wieder geleert.

„Ihr tut richtig was vom Feiern verstehen", nickte anerkennend ein großer Berg aus in Fetischleder gekleidetem Fett.

„Wildhüter Haggis!", brachte McGonorrhöe noch hervor, als der Bourbon sie umwarf.

„*All we are here for is give peace a chance*", lallte Professor Brumblemore. „Es lebe die dritte Direktive der fünften Internationale! Trotzkisten an die Macht! Niedrigpreise garantiert!"

Wildhüter Haggis verstand nicht viel von dem, was sein bekiffter Vorgesetzter da sagte. An dieser Stelle ist es vielleicht angebracht, dem geneigten Leser zu verraten, dass Haggis nicht nur Wildhüter auf Hogwutz ist, jener absolut uninteressanten Institution voller hirnloser Spinner, mit der sich die letzen zwei Drittel dieses Schinkens beschäftigen werden, sondern auch Gründer und Betreiber einer Satanssekte, Vorsitzender der magischen Hell's Angels Bande, Inhaber einer gutgehenden Kette von Sadomasoläden und zu allem Überfluss Ehrenmitglied der Rotarier.

„Jetzt, wo der *Du-weißt-schon-wer* platt ist, was passiert den jetzt mit dem hier?"

Brumblemore fixierte Haggis streng. Das heißt, er schielte mit einem Auge auf die Straßenlaterne und mit dem anderen irgendwo auf Haggis gepiercte Nase.

„Benutze immer die richtigen Namen für die richtigen Dinge! Niemals sollten wir uns fürchten, den Namen unseres Feindes auszusprechen und..."

„Das kann ja sein, aber ich hab' den Name wirklich vergessen. Warte mal, war das Vollekanne? Wolletanne? Äh..."

„Vollidiot!", rief McGonorrhöe aus. Aber sofort verschluckte sie sich heftig. „Immer passiert etwas, wenn ich diesen Namen ausspreche!"

„Ach was, das ist nur ein dummer Aberglaube!", lachte Brumblemore. Irgendwo weiter hinten explodierte ein Haus und ein Tier mit tausend Augen fiel vom Himmel, bevor es sich in eine bunt gescheckte Lasagne verwandelte.

„Äh, was passiert denn jetzt mit dem hier?", wollte Haggis noch einmal wissen. Er hielt ein schreiendes Baby an dessen linken Bein in die Höhe.

„Wer ist denn das?", fragte McGonorrhöe.

„Das ist Larry Otter", verkündete Brumblemore und lächelte das Kind an, das mit dem Kopf nach unten in Haggis großer Pranke hing. „Als Vollidiot seine Eltern töte, überlebte Larry. Aber die Narbe auf seiner Stirn kündet von seinem Schicksal!"

Tatsächlich hatte das Baby eine blitzförmige Narbe auf seiner Stirn.

„Ich weiß nicht, ob wir die Narbe nicht lieber wegzaubern sollten", dachte Brumblemore laut nach, während er gedankenverloren an seiner Haschpfeife zog. „In gewissen katholischen Ländern wird man uns den Stigmatisierten vielleicht übel nehmen, was meinen Sie?"

Statt einer Antwort erbrach sich McGonorrhöe in die Rabatte.

„Naja, wie dem auch sei. Hogwutz ist kein Kinderheim und wir sind nicht die Waltons. Außerdem hat er eine Stinkewindel an. Legen wir ihn also am besten vor die Tür von diesem Haus da!"

Mühsam zog sich McGonorrhöe an einer Straßenlaterne hoch. „Was? In das Haus von Morsley? Der ist ein Buggel, wie er im Buche steht! Er wird niemals den Sohn der größten Zaubererfamilie westlich von Schmalspurhausen aufnehmen!"

„Er muss ja nicht unbedingt wissen, dass Larry ein Zauberer ist!", lächelte Brumblemore. „Ich habe einen raffinierten Plan, den auch das größte Superhirn des Planeten nicht durchschauen würde! Haggis, gib mir Papier und Bleistift!"

Eine halbe Stunde später, als mit einem Schlag alles ruhig war auf dem Unterhosenweg, klingelte es wie wild an der Haustür der Morsleys.

Varmint riss die Tür auf und peilte mit dem Luftgewehr nach draußen. „Wenn noch einer von euch Zeugen Jehovas in die Nähe meines Gartens kommt, knall ich euch alle ab!", schrie er.

Aber statt dessen fand er ein kleines Bündel zu seinen Füßen. Es war ein in eine schon ziemlich gefärbte Windel gewickelte Kind, das, als es mit seinen Fingerchen auf einen Gartenzwerg in Morselys Garten zeigte, ihn sofort in einen pfeifenden Ziegelstein verwandelte. Dann wurde das Kind kurz unsichtbar, verwandelte sich in einen Hund, färbte mit seinen Blick Morsleys Krawatte gelb und erfreute sich an den zwanzig lieblichen Elfen, die um es herum tanzten.

Auf dem Bauch hatte es einen Zettel, der verdächtig nach Hasch roch. Darauf war geschrieben: „Ich heiße Larry Otter. *Ich bin kein Zauberer.* Ehrlich!"

Kapitel 2:
Das englische Schulsystem ist zum Kotzen und dieses Kapitel ist es auch

Zehn Jahre waren vergangen, seitdem Mr. Morsley und seine liebreizende Gattin den kleinen Larry auf ihrer Türschwelle gefunden hatten. Am liebsten hätte Varmint den kleinen Schreihals mit einem gezielten Tritt in die nächste Mülltonne befördert, aber dann hatte er ihn doch mit ins Haus genommen und dort in die Recyclingtonne gedrückt.

Und da lebte Larry noch heute. Es war eigentlich eine schöne Mülltonne aus farbenfrohem grünem Plastik und er musste sie mit nur sehr wenig Getier teilen.

Morsleys liebten Larry ungefähr so sehr, wie man kalten Hunderotz im Blecheimer liebt.

Bimbo aber, der leibliche Sohn der Morsleys, führte ein Leben wie ein Fürst. Er verging sich an verschiedenen Haustieren, kastrierte Katzen, versuchte Larry mehrmals ins Klo zu spülen und legte einmal eine selbstgebastelte Splitterbombe liebevoll in Larrys Mülltonne.

Aber Larry war ein besonderer Junge. Musste er auch sein, sonst würde dieses Buch ja nicht weitergehen.

Er erfreute jedermann mit dem Beschwören von siebenfach gehörnten Dämonen, schoss mit Astralblitzen das ein oder andere Passagierflugzeug ab und weigerte sich standhaft, das Zeitliche zu segnen, obwohl sich die Morsleys alle Mühe gaben.
Er war also etwas Besonderes. Dass er aber so etwas wie der Auserwählte war, merkten die Morsleys nicht an den vielen Werbebriefen aus pandimensionalen Astralsphären, die alle an „Den Auserwählten Larry Otter" adressiert waren, sondern daran, dass Larry die englische Küche überlebte. Er aß sogar Plumppudding ohne Schaden.
Mit dem Schulsystem hatte Larry allerdings gewisse Probleme. Er besuchte die Margaret Thatcher Comprehensive School, zusammen mit seinem Stiefbruder Bimbo. Die alberne Schuluniform, die veralteten Unterrichtsmaterialien und der Klassensprecher namens Adrian Mole brachten Larry an den Rand des Wahnsinns.
Aber irgendwie war Larry unkaputtbar wie eine 2-Liter-Colaflasche. Als Bimbo und seine Bande von Klassenschlägern einmal hinter Larry her waren, fand er sich plötzlich auf dem Dach der Turnhalle wieder. Hinterher behauptete er, er müsse wohl auf ein altes Trampolin gesprungen sein. Die

thermonuklearen Sprengsätze aber, die er vom Dach auf Bimbo abgeworfen hatte, waren etwas schwerer zu erklären. Die Jugend von heute ist schon ziemlich eigenartig.

So plätscherten die ersten Jahre in Larrys Leben dahin. Seine Stiefeltern behandelten ihn wie die chinesische Parteiführung reformwillige Demokraten behandelt und Bimbo stahl ihm sein Milchgeld.

Das einzige, was Larry an einem Leben gefiel, war seine blitzförmige Narbe. Einmal fragte er seine Tante, woher sie stammte. „Als du auf dem Waffeleisen geschlafen hast", schnauzte ihn sie an.

Und da sind wir schon bei der Geschichte von Bimbos Geburtstag. Eines Morgens drosch Larrys Ziehmutter, Tante Petunia, auf die Recyclingtonne ein, die Larrys „Zimmer" darstellte. „Aufwachen!", schrie sie. „Es ist Bimbos Geburtstag, er hat seine Geschenke ausgepackt und wir müssen das ganze Papier wegwerfen. Dafür brauchen wir die Tonne."

Larry sprang aus der Tonne und lief in die Küche, wo Bimbo, inzwischen ein fetter Fastfoodjunge, seine Geschenke betrachtete. Ein Berg von Computerspielen war vor ihm aufgestapelt und er versuchte mühevoll, die Systemvoraussetzungen für „Bauchaufschlitzer 4" zu entziffern.

Mr Morsley kam in die Küche gestampft. „Schlechte Nachrichten", knurrte er. „Die Müllverbrennungsanlage hat es abgelehnt, den da zu nehmen." Mit „den da" meinte er natürlich Larry.

Larry hatte sich inzwischen etwas an den eigenartigen Humor seiner Zieheltern gewöhnt. „Warum werft ihr mich nicht einfach im Zoo ins Pantergehege?"

„Das haben wir schon mal versucht, aber ein Gorillaweibchen hat dich gerettet. Es war damals in allen Zeitungen", zischte seine Stiefmutter.

„Wir haben uns mit vergifteten Erdnüssen bei dem Mistvieh revanchiert", ergänzte Mr Morsley, aber ihm kam eine Idee: „Sag mal, hat im Amphibienhaus nicht eine neue Abteilung mit hochgiftigen Schlangen aufgemacht?"

„Ja", antwortete sein geliebtes Weib, „sie haben auch eine Puffotter. Ein Biss ist absolut tödlich."

Mit einem breiten Lächeln wandte sich Mr Morsley an Larry. „Rate mal, wo wir gleich hinfahren!"

Die Fahrt zum Zoo verlief ereignislos. Bimbo versuchte mit Hilfe seiner neuen Strahlenpistole, die, wie er zu seinem unendlichen Bedauern feststellen musste, doch nur ein Spielzeug war, Larry zu vaporisieren. Als Bimbo endlich begriffen hatte, dass die Pistole nutzlos war, warf er sie Larry in einem unbewachten Augenblick an den Kopf.

Im Zoo ging man dann direkt ins Reptilienhaus. Larry blieb fasziniert vor einer Boa Konstriktor stehen, die ihn mit einem improvisierten Ständchen von „Heil dir im Siegerkranz" begrüßte.

„Hallo!", sagte Larry. „Wieso kann ich dich verstehen?"

Die Schlange lächelte breit. „Dasss wird ssspäter noch erklärt. Sssofern eine Vortsssetzung erscheint."

„Aha. Scheint ja toll konstruiert zu sein, dieses Buch. Kann ich eigentlich mit jedem Tier reden?"

„Aber selbstverständlich", antwortete eine kleine Beutemaus, die gerade in das Schlangengehege geworfen worden war. „Du kannst mit allen Tieren reden und so alle ihre Krankheiten heilen. Finde die große Seeschnecke und..."

„Du Blödmann!", zischte die Boa, „Dasss issst doch nicht Dr. Dolittle. Dasss issst Larry Otter!"

„Wer?", fragte die Maus. Aber da hatte die Schlange das Tier schon verschluckt.

„Ähem, ich geh' dann mal lieber", sagte Larry. „Aber kannst Du mir nicht einen Gefallen tun und meinen Stiefbruder Bimbo fressen?"

„Nein, da bekomme ich eine Cholesssterinvergiftung. Aber wenn Du Dir einen richtigen Spasss machen willsssst, erzähl im Primatenhausss, dasss Alphamännchen wäre schwul."

Larry verlies das Reptilienhaus, während verschiedene Gedanken in seinem Kopf umhergingen. Wieso konnte er mit Schlangen sprechen? Woher kam die Narbe an seiner Stirn? Wenn ja, warum? Und wieso war nichts von seiner Lieblingsfamilie zu sehen?

Seine „Lieblingsfamilie" stritt sich offenbar gerade mit einem Känguru. Onkel Varmint schien sich standhaft zu weigern, für einen Brief Nachporto zu bezahlen. Das Känguru, bekleidet mit einer albernen Postbotenuniform und einem lächerlichen Käppi, warf den Morsleys schließlich das Schreiben vor die Füße und verschwand in einem rosa Wölkchen.

Hastig hob Onkel Morsley den Brief auf und stopfte ihn sich in den Mund. Plötzlich hatten es alle sehr eilig, aufzubrechen.

Am Parkplatz angekommen mussten sie feststellen, dass jemand das Sonnendach des Familienwagens ein Stück aufgemacht und den Toyota in einen Briefkasten umgewandelt hatte. Eine Flut von Briefen ergoss sich auf die Füße der Morsleys. Larry hob ein paar auf. Die Absender waren eigenartig. „Playelf Magazin", „Hokus-Pokus Discount", „Magicworks", „Labour Partei" und ähnlich dubiose Organisationen. Was Larry aber am meisten verwunderte, war, dass diese Briefe an ihn adressiert waren: „Kultfigur Larry Otter, 2. Kapitel, S. 23"

„He, da schickt mir jemand Briefe!", wunderte Larry sich und fischte sich einen größeren braunen Umschlag heraus, auf dem in ungelenker Kritzelschrift ein „H" gemalt war. Außerdem roch er nach billigem Alkohol.

„Niemand schickt dir Briefe!", zischte Onkel Morsley und riß Larry das Schreiben aus der Hand.

„Aber...", wandte Larry ein.

„Keine Briefe!", schrie Onkel Morsley und schleuderte eine Brandgranate in sein Auto. Das fing sofort Feuer. Larry hatte gerade noch Zeit, in Deckung zu gehen, als der Toyota explodierte.

„Um Gottes Willen! Dein Auto!", schrie Larry.

„Hier gibt es keine Autos. Es hat nie Autos gegeben!"

Und während Larry sich noch wunderte, ob dies nicht eine Akte X Folge war, zog ihn seine Lieblingsfamilie von dem brennenden Wrack weg.

Dass sie nun alle zu Fuß nach Hause gehen mussten, schien Onkel Morsley nicht weiter zu stören. Aber als ein Bus, gesteuert von einem besoffenen Kobold, lautlos neben ihnen landete und sie mit Briefen überschüttete, alle adressiert an „Larry Otter und/oder nächsten lebenden Verwandten", wurde selbst Bimbo etwas panisch.

Der Rest des Weges legten sie unter Tage zurück, denn Onkel Morsley hebelte einen Kanaldeckel auf, sprang in die Tiefe und zog Larry mit sich.

Unten wateten sie durch eine Flut von Briefen. Als Onkel Morsley den Kanaldeckel des Unterhosenwegs hoch wuchtete, prasselte eine Lawine von Briefen auf seinen Kopf herab. Larry versuchte einen zu erwischen, aber Onkel Morsley riss ihn freundschaftlich an den Haaren aus dem Kanal heraus und schleifte ihn bis vor die Haustür.

Allerdings war die Haustür nicht mehr zu sehen. Auch der Rest des Hauses war verschwunden. Statt dessen hatten offensichtlich die Luftwaffen mehrerer führender Industrienationen Briefe über dem Haus abgeworfen und es unter einem weißen Haufen Papiers mit bunten Briefmarken begraben.

Ein süßer kleiner Mischlingshund mit einem Brief im Maul kam schwanzwedelnd auf Larry zugelaufen und sprang an ihm hoch.

Onkel Morsley packte das Hündchen und warf es in den Briefhaufen, der einmal sein Haus gewesen war.

„Was tun wir jetzt?", schrie Tante Petunia Morsley in höchster Panik. Sie war gerade mit Bimbo aus dem Kanaldecke gekrabbelt und kam gerade rechtzeitig, um zu sehen, wie eine Geysir von Briefen aus dem Kamin des Hauses hochschoss.

„Wir verschwinden!", schrie Onkel Morsley zurück. Hastig schob er Larry, Petunia und Bimbo in den zufällig gerade vorbeikommenden Postbus des „Mithrandir Parcel Service".

„Wenn ich etwas von den Cartoons gelernt habe", kreischte Bimbo, „dann dass der Coyote den Rennkuckuck niemals kriegt."

„Wer hat dich gefragt!", brauste Morsley auf und stopfte Bimbo ein Paket Lembas in den Hals, das er gerade aus dem Haufen Briefe, auf dem er saß, herausgegriffen hatte. Dann drückte er dem Fahrer einen eingeschriebenen Wertbrief („An Larry Otter, jetzt Seite 17") zwischen die Schulterblätter und zischte: „Fahren Sie uns unverzüglich aus der Stadt!"

Als der Fahrer das Gaspedal bis zum Anschlag durchdrückte und der Beschleunigungsschub Familie Morsley sowie Larry gegen die hintere Tür des Lieferwagens schleuderte, hatte Larry gerade noch Zeit zu keuchen: „Übrigens ist morgen *mein* Geburtstag!"

Und irgendwo, weit weg, erbrach sich ein Kaninchen geräuschvoll in die Büsche.

Kapitel 3:
Der sympathische Narr und andere Epigonen.

Vermint Morsley hatte beschlossen, mit seiner Familie und „dem überflüssigen Stück Biomüll", wie er Larry liebevoll nannte, irgendwo in Deckung zu gehen. In einem der übel beleumundeten Vororte von London eine Wohnung zu mieten, in der erst vor wenigen Tagen ein Bandenkrieg getobt hatte, hielt er für eine an Genialität nicht mehr zu überbietende Idee.

Außerdem fand er unter den Dielen noch verschiedene Waffen, die die Mordkommission übersehen hatte. Mit den Drogen, die er im Spülkasten der Toilette entdeckt hatte, konnte er auch die Nachtwache unbeschadet überstehen.

Jedenfalls wenn man unter „unbeschadet" gewisse Halluzinationen von einem Ballet von Adolf Hitlers in Miniröcken meint.

Das verhinderte trotzdem nicht, dass punkt zwölf Uhr die Tür zur Wohnung mit einem lauten Knall gesprengt wurde.

Onkel Varmint verlor keine Zeit und feuerte aus allen Rohren. Draußen schossen etwa acht Jugendliche zurück, die den Stoff holen wollten.

Erst, als Morsley schon vier von ihnen erledigt hatte, merkte er, dass sie ihm gar keine Post zustellen wollten. Da er aber Jugendliche grundsätzlich hasste und Spaß am Schießen hatte, wie jeder anständige Spießbürger, feuerte er mit wachsender Begeisterung weiter. Zur Belohnung tanzte auch wieder das Adolf-Hitler-Ballet Impressionen aus Benjamin Brittens Adaption von „Billy Budd, Sailor".

Da sein Onkel beschäftigt war, hatte Larry genug Zeit, sich dem eigenartigen Fremden zu widmen, der sich durch das Abflussrohr ins Zimmer gezwängt hatte. Es handelte sich dabei um einen Haufen Filz und Abfall mit zotteligen Haaren. Da sich der Abfallhaufen bewegte und, zumindest mit einiger Verspätung, auf Reize reagierte, galt er nach den Regel der einschlägigen Biologie als lebendig.

Der Abfallhaufen hörte auf den Namen Haggis und war, wie schon oben einmal gesagt, Wildhüter auf Hogwutz. Eine Feuerpause im Gefecht zwischen Morsley und der Drogenbande benutzte Haggis dazu, Larry zu gratulieren.

„Gratulation, Larry!", lallte Haggis und schüttelte Larrys Arm. „Du bist auf Hogwutz angenommen. Und damit Mitglied der Gesellschaft perverser arbeitsloser Magier."

Larry verstand kein Wort von dem, was Haggis lallte. Das lag daran, dass sich unter das melodische Gurgeln der Maschinenpistolen jetzt auch das Heulen von Polizeisirenen und das Knattern von Polizeihelikoptern mischte.

„Was?!", brüllte Larry.

Haggis buddelte in seiner Kleidung nach verschiedenen Dingen. Aus den unergründlichen Tiefen seines „Mantels", wie er die stinkende Bakterienzuchtstation nannte, die er trug, beförderte er auch einiges ans Tageslicht. Ein paar Tassen, eine Teekanne, ein Kaninchen mit einer kaputten Taschenuhr, viele bunte Smarties, ein bisschen Frieden, eine V1 mit Abschussrampe und diverse sarazenische Säbelrassler.

„Verstehst du jetzt?", lallte Haggis.

„Was genau meinen Sie?", nickte Larry, um etwas Zeit zu gewinnen. Zum Glück ging zu diesem Zeitpunkt seinem Onkel die Munition aus. So konnte man sich etwas gepflegter unterhalten. „Du bist der Junge, der überlebte. Der große Held, der berühmte Larry Otter!", jubelte Haggis.

„Aber...", versuchte Larry einzuwenden.

„Du bist unsere Hoffnung, unsere Inspiration. Eines Tages wirst du uns anführen und den Fluch aufheben, der auf uns lastet."

„Aber ich verstehe nicht ganz...", versuchte Larry einzuwenden.

„Ich auch nicht", zuckte Haggis mit den Schultern, „aber jetzt eimern wir erst mal 'ne Runde!"

„Eimern?!"

In diesem Augenblick stürmte eine Abteilung der Spezialeinheit die Wohnung. Onkel Morsley und Tante Petunia wurden überwältigt und verhaftet. Der kleine dicke Bimbo wurde einem Veterinär übergeben, der ihn erst mal auf Schweinepest untersuchte. Aber wie durch ein Wunder sahen die Beamten weder Larry noch den geheimnisvollen Riesen. Ein großer mystischer Zauber schien sie zu schützen. Vielleicht lag es aber auch daran, dass der geheimnisvolle Riese dem Einsatzleiter einen Haufen bedruckter Papierscheine in die Hand drückte.

Dann bereitete Haggis eine große mystische Zeremonie vor. Dafür füllte er einen 10-Liter-Eimer mit kaltem Wasser, steckte eine Haschpfeife in eine leere Plastikflasche und stopfte die Pfeife mit einem geheimnisvollen mystischen Kraut. Dies zündete er an und sah befriedigt zu, wie ein bleicher weißer

Rauch langsam die Flasche füllte. Als das Kraut völlig verbrannt war, entfernte Haggis die Pfeife wieder und hielt die Flasche mit dem Daumen zu.

„Als das Geburtstagskind und jüngstes Mitglied der ehrenhaften und traditionsreichen Magierschule von Hogwutz gebührt dir der erste Zug!"

Dabei tauchte er die Flasche in den Eimer. Das Wasser schwappte ein wenig hinaus.

„Der erste Zug von was?", fragte Larry etwas schüchtern, aber da hatte Haggis die Flasche schon mit einer gekonnten Bewegung aus dem Eimer hinaus und in Larrys Mund hinein befördert. Und noch bevor der große Magiermeister in Spe, Larry Otter, irgendeine Ahnung hatte, was passierte, drückte der Riese die Plastikflasche mit aller Kraft zusammen. Der geheimnisvolle magische Rauch schoss Larry die Luftröhre hinab und füllte ihm die Lunge.

Larry wollte noch etwas sagen, aber aus Nase und Mund strömte nur noch Rauch.

„Wau!", jubelte Haggis. „Du bist wirklich ein echter Sohn deines Vaters. Niemand konnte besser eimern als der. Naja, bis auf mich natürlich." Und mit dem Geräusch eines Industriestaubsaugers zog sich

Haggis den Rest des Rauches aus der Flasche durch ein einziges Nasenloch rein.

Larry nahm das ganze nur noch verschwommen war.

„Blrrb... llll.... mmmm...", lallte er.

„Natürlich, das hab' ich ja ganz vergessen. Solange du noch was wahrnimmst, kann ich dir ja auch gleich den Brief hier geben. Er enthält nichts Wichtiges, nur deine wahre Lebensgeschichte."

„Wirsing?!"

Statt den Brief zu nehmen, kippte Larry einfach aus den Latschen. Naja, so haben wir, liebe Lemming-Lesergemeinde, genug Zeit, ihn zu lesen.

Auf dickem braunen Papier stand zu lesen:

HOGWUTZ SCHULE FÜR HEXENKUNST UND TELESHOPPING

Direktor: ~~Heiynz Mussgeheim~~, ~~Ima Pseudonym~~, ~~Karl Kaputtniek~~, Dummfuß Brumblemore

(Gardeschlawiner 1. Klasse, Großmufti der kleinen Kerle, Ehrenbanause der Sumpfhühner)

stellv. Direktorin und Quotenmagierin: Allnerva McGonorrhöe

Lieber Mr Potter,

Sie haben gewonnen! Um ihren Millionengewinn abzuholen, ist nur eine Bestellung beim Hogwutz

Versandservice nötig. Bitte kleben Sie den beigefügten kleinen Gnom auf das freie Feld unten und senden Sie dieses Schreiben wieder an uns zurück. Sie erhalten dann umgehend den ersten Band der Enzyklopaedia Magicana für fast umsonst.
Herzliche Grüße,
Prof. D. Brumblemore.
Natürlich war das nicht alles. Irgendein Depp, wahrscheinlich Brumblemore selbst, hatte in einer fast unleserlichen Sauklaue unter den Brief folgende Sätze gekritzelt:
„Lieber Larry, du bist in Wirklichkeit nicht der Sohn eines Busfahrers aus Lancashire, sondern du stammst vom Planeten Zyrgon. Dein Vater schickte dich mit einem Raumschiff zur Erde, als die Katatonier euren Planeten mit massiven Unsinn bombardierten, wodurch er völlig zerstört wurde. Bis zu deinem 18. Lebensjahr solltest du im Geheimen aufwachsen, weil die Katatonier nach dir suchen werden. Inzwischen hat dein persönlicher Kommando-Cyborg eine geheime Raumschiffbasis fertig gestellt, die dir helfen wird..."
Hier brach das Gekritzel in einem Klecks ab, so als hätte man dem Schreiber die Feder aus der Hand gerissen. Eine etwas leserlichere Schrift folgte:

„Larry, ignoriere die vorherige Botschaft. Sie war für Larry Plotter, den wir ebenfalls beschützen. Du aber bist der Sohn von zwei guten und berühmten Magiern (nicht ganz so berühmt und gut wie Siegfried und Roy, aber das ist nun mal Schicksal). Deine Eltern wurden getötet, als der böse Magier Vollidiot von ihnen beim Verklappen von Dünnsäure in der Nordsee erwischt wurde. Wir würden uns freuen, wenn du mit anderen eingebildeten kleinen Ratten hier in Hogwutz das Zaubern lernen würdest. Herzlichst, A. McGonorrhöe"
In der Kritzelschrift stand noch darunter: „Und hüte dich vor Zyrgonit, eine Substanz, die entstand, als dein Plante zerstört wurde. Es ist die einzige Substanz im Universum, d..."
Es folgte ein tief eingeritzter Tintenstrich im Papier. Offenbar hatte jemand dem Schreiber das Pergament mit Gewalt weggezogen.

Wenn Sie, liebe Leserin und lieber Leser, glauben, dass Magier im allgemeinen einen kleinen Dachschaden haben, dann haben Sie völlig Unrecht. Magier haben einen großen Dachschaden.

Kapitel 4:
Die Pinkelgasse

Larry wachte am nächsten Morgen auf. Zuerst dachte er an einen Traum. Da aber in seinen Träumen nur mehr oder weniger bekleidete Zauberinnen oder andere nackte Frauen auf fliegenden Besen vorkamen, war er bald überzeugt, den ganzen Mist aus dem vorherigen Kapitel nicht geträumt, sondern wirklich erlebt zu haben. Auch hämmerte sein Kopf. Und natürlich war da der große schnarchende Müllhaufen in der Ecke.

„Haggis?", fragte Larry unsicher und trat den Müllhaufen in eine Stelle, an der er die Nieren des Riesen vermutete.

Der rührte sich nicht sondern schnarchte einfach weiter. Und so blieb Larry genug Zeit, ebenfalls den Brief zu lesen.

Ein warmes Gefühl der Geborgenheit und Wichtigkeit durchströmte ihn. Zum ersten Mal in seinem Leben wusste er, wer er war. Das Gefühl wurde immer stärker und überwältigte ihn schließlich ganz. Geräuschvoll erbrach er sich in das Waschbecken.

„Das passiert den meisten beim Backflash", kommentierte Haggis trocken. „Vielleicht sollten wir Hogwutz deine Antwort mitteilen."
„Ach ja, die Magierschule. Wie erreichen wir sie? Durch eine Kristallkugel? Eine Eule? Ein pandimensionaler Zauber?"
Haggis sah Larry etwas verwaschen an. „Langsam solltest du von dem Trip runterkommen, Junge." Aus seinen Taschen fischte der Riese ein kleines silbernes Handy heraus und drückte die Kurzwahltaste für Hogwutz. Einige Sekunden später war Larry für das kommende Schuljahr an der Schule angemeldet.
„So, das wär' erledigt. Jetzt wollen wir dir erst mal ein paar Schulsachen kaufen. Die gibt es in der Pinkelgasse, das ist eine Magierstraße. Vorher aber muss ich noch etwas Stoff kaufen. Den gibt es in jedem Coffieshop."
„Ähm, ich bin aber nicht reich...", wandte Larry ein. „Obwohl, wenn ich euch wirklich soviel bedeute und Magier bessere Menschen sind, dann ist Hogwutz doch wohl eine Schule mit Begabtenförderung und Lehrmittelfreiheit? Ach was! Ihr seid doch Magier! Warum Schulsachen kaufen, wenn man sie herbeizaubern kann! Sicher wird auf Hogwutz nach

einem völlig revolutionären pädagogischen Prinzip unterrichtet. Chancengleichheit für alle!"

Haggis hielt seine Nase in ein Tütchen Koks und simulierte einen Lastenaufzug mit Raketenantrieb. „Du vergisst, wer diesen Quatsch hier erfunden hat: eine konservative und großenteils einfallslose englische Mittelschullehrerin."

Verständnislos blickte Larry Haggis an, während sich dessen Augen langsam eintrübten. „Und das bedeutet?"

„Wie überall in England musst du deine Bildung *erkaufen*." Haggis taumelte ein wenig und lächelte selig. „Also auf nach Grinkotz."

„Grinkotz?!"

„Die Orkbank!" orakelte Haggis geheimnisvoll und plumpste auf seinen dicken Hintern.

„Die Orkbank?!", fragte Larry zurück. Aber es war schon zu spät.

„Boah, hier gibt's 'n Echo, Mann!", lallte Haggis.

Als Haggis wieder einigermaßen nüchtern war, zeigte er Larry eine Kostprobe mächtiger Magie. Er taumelte mit dem Jungen nach draußen und sprach das Zauberwort: „TAXI!!" Ein großer schwarzer Wagen hielt vor den beiden. Der Fahrer steckte den

Kopf heraus und warnte sie: „Wenn ihr mich überfallen wollt - ich bin bewaffnet!"
Die Fahrt nach Grinkotz verlief einigermaßen ereignislos. Das heißt, wenn man „ereignislos" so definiert, dass man darunter einen koksenden Riesen, einen schimpfenden Taxifahrer und einen verwirrten Jungen versteht. Während sich das Taxi durch die Straßen von London schlingerte, hatte Larry Zeit, eine Liste durchzugehen, die ihm Haggis in die Hand gedrückt hatte. Sie roch wie Weihrauch und während Larry sie entfaltete, fielen kleine Bröckchen eines braunen Krautes heraus. Die Liste lautete:
„Hogwutz Schule für Hexenkunst und angewandte Gerissenheit.
Uniform für Erstsemester:
1. Drei Roben in den traditionellen Hogwutz-Farben lila-senfbraun-eitergelb gepunktet mit blinkenden Lämpchen
2. Ein leicht zerbeulter spitzer Hut mit silbernen Sternchen, einem Halbmond und geheimnisvollen kabalistischen Zeichen (erhältlich in jedem Klischee-Laden)
3. Ein Paar Handschuhe für Hobbyproktologen (mit verstärktem Zeigefinger)

4. Ein Leichensack mit Namensaufdruck inklusive einer unterschriebenen Verzichtserklärung

Bücher:
Nasenpopeln und widerliche Eigenarten, von Allnerva McGonorrhöe
Überdecken von Eigengestank, von Dummfuß Brumblemore
Billige Kartentricks und Steuerbetrug, von Dummfuß Brumblemore
Wo man sich den Zauberstab hin stecken kann und wie man ihn wieder herausbekommt, von I. Gitt
Drogencocktails, Pilze und Klebstoffschnüffeln, von Heynz Bronkowitz
Sonstige Dinge:
1 Zauberstab (batteriebetrieben oder zum Aufziehen, vibrationsfähig)
1 Kessel oder Schnellkochtopf
1 thermonuklearer Sprengsatz (20 Megatonnen)
1 Schatten grünlicher Färbung

Pro Schüler ist eine Eule, eine Katze oder ein Brontosaurier erlaubt. Bitte denken Sie daran, dass Erstklässler keinen eigenen Flugbesen mitbringen dürfen, es sei denn, sie stellen dem Direktorium einen Müllwagen voller Geld vor die Haustür. Dann ist uns alles egal."

Mit quietschenden Bremsen hielt das Taxi vor einer übel beleumundeten Tuntenbar in Soho an. Da Haggis sich mit „Buggelgeld" nicht auskannte, bezahlte er mit „Buggelbonbons", schönen grünen, gelben, roten und vor allem orange Pillchen, die der Taxifahrer gern annahm. Einige schluckte er sofort und Larry sah dem Taxi zu, wie es in lustigen Schlangenlinien davonfuhr.

Die Tuntenbar war geschlossen. Haggis rüttelte an der Tür, hämmerte gegen die mit Blechplatten verblendeten Fenster und leckte verzweifelt die Bilder mit halbnackten „Mädchen" ab, die an die Fassade geklebt worden waren. „Wir müssen hier rein!", rief er aus und trommelte wie wild erneut gegen die Tür. „Es ist dringend! Es ist ein Notfall!"

Larry war voller Mitleid. „Ist das der einzige Eingang zu Grinkotz?" fragte er.

Haggis sah in verständnislos an. „Grinkotz? Nee, das ist ganz woanders."

Larry wagte nicht zu fragen, warum Haggis den Laden unbedingt betreten wollte.

Einige „Buggelbonbons" halfen Haggis jedoch überraschend schnell, sich wieder zu beruhigen. Dann zog er den Jungen hinter sich her. Sie bogen einige Mal um verschiedene Ecken, dann rief Haggis mit Begeisterung aus: „Sieh her! Die Pinkelgasse!"
Vor ihnen lag eine geschäftige, bunte Straße mit vielen Menschen. Hunderte von Geschäften säumten die Gehwege, Busse, Taxis und Autos drängelten sich vorbei.
„Äh, Haggis?"
„Ja?"
„Das ist Oxford Street."
„So ein Mist! Oxford Street und Pinkelgasse... das verwechsele ich je-des-mal!"
Und - hey puff! - verwandelte sich das Straßenbild. Auf einmal befanden sich Larry und Haggis in einer dunklen, alten, engen Gasse. Fachwerkhäuser lehnten sich bedenklich nach vorn, das Kopfsteinpflaster stand wirr hervor, dichter Rauch war überall und einige wenige Gestalten waren damit beschäftigt, eine Katze auszuweiden.
Larry war begeistert.
Etwa so begeistert, wie jemand mit schweren Darmkoliken.

Aber Haggis zog ihn wieder hinter sich her. Vorbei an Geschäften, die irgendwelches magisches Zeug wie Röntgenbrillen oder Juckpulver verkauften, vorbei an zweifelhaften Kneipen (viele), vorbei an dunklen Türmen und dem einen oder anderen Hobbit-Loch, aus dem es verdächtig nach Kartoffelsalat roch. Schließlich standen sie vor einem postmodernen Albtraum aus Glas und Stahl. Grinkotz, die Magierbank.

„Da kannst du sehen, was die mit unserem Geld machen", knurrte Haggis. Er zog Larry in den Eingangsbereich, der von zwei Orks bewacht wurde. Als sie Haggis sahen, zogen die Wachen ihre rostigen Krummsäbel zielten damit auf seine Gallenblase.

„He, Leute, Frieden! Ihr bekommt euer Geld, ich verspreche es!", rief Haggis erschrocken aus. „Ich komme gerade, um es abzuholen. Ehrlich..."

Schnell sprang er an den Wachen vorbei ins Foyer.

Ein Ork im grauen Anzug stoppte sie. „Kann ich Ihnen helfen?", fragte er. Auf einem Namensschildchen stand: „Usch-Krabhuhl, ihr Partner in allen Geldangelegenheiten."

Haggis kramte in seinen Taschen. „Ich komme, um Geld aus Larry Otters Verlies zu holen."

Der Ork musterte Haggis misstrauisch. „Schon wieder?"

Haggis überhörte das. „Außerdem habe ich einen Brief von Professor Dummfuß wegen des geheimnisvollen Dings in Kammer 714."

Der Orks stöhnte. „Kann ich den Brief sehen, mein Herr?"

Haggis reichte Usch-Krabhuhl den Brief, der ihn sorgfältig zu lesen begann. Larry nutzte die Pause, um Haggis zuzuflüstern: „Wie meint er das mit dem 'schon wieder'?"

Haggis schien etwas peinlich berührt. „Ich war gezwungen, etwas Kapital für eine gewagte Unternehmung von deinem Konto abzuheben."

„Gewagte Unternehmung?!"

„Naja, wie würdest du denn Brustimplantate für Strip-Elfen nennen?"

Zum Glück war der Ork mit dem Lesen des Briefes fertig.

„Sir, dieser Brief ist die Schenkungsurkunde von Hogwutz. Übrigens eine sehr plumpe Fälschung, offensichtlich angefertigt von einem Urahnen des sogenannten *Professors* Dummfuß."

Haggis riss dem Ork das Schreiben aus der Hand. „Ähem, eine kleine Verwechslung." Er kramte in seinen Taschen. „Der Brief muss doch hier irgendwo sein..."

„Schon gut, Sir", stöhnte der Ork, „Sie sind durch ihre grenzenlose Dummheit ausgewiesen. Folgen Sie mir!"

Haggis und Larry folgten dem Ork zu einem kleinen Golfwagen. Sie nahmen darin Platz und eine geheimnisvolle Magie, genannt „Elektromotor", bewegte sie wie von Geisterhand davon. Sie fuhren durch einen langen Gang. Geradeaus, geradeaus, geradeaus. Larry versuchte sich den Weg zu merken, aber es war einfach unmöglich. Schließlich standen sie vor einer windschiefen Tür, auf die jemand „Larrie Oter" gepinselt hatte. Usch-Krabhuhl öffnete das primitive Fahrradschloss. Ein Haufen grüner Bröckchenkotze ergoss sich über den Boden. Larry schluckte. In einer Art Wandschrank lagen haufenweise schmutzige Socken, verrottete Monopoly-Geldscheine und alte Yps-Hefte.

„Das gehört alles dir!", verkündete Haggis stolz.

„Ich denke, die Familie Otter war reich?", fragte Larry.

„Wer hat denn das behauptet?", empörte sich Haggis.

Immerhin fand sich in einem alten Schuhkarton noch ein Säckchen mit etwa zehn Goldmünzen. („Wie konnte ich die nur übersehen?", murmelte Haggis.)
„Wunderbar! Damit können wir dir deine Hogwutz-Ausrüstung kaufen. Aber nun auf zum doppelten Cheeseburger!", rief Haggis laut aus.
„Meinen Sie nicht den Knüppel aus dem Sack, Sir?", fragte der Ork.
„Knüppel aus dem Sack und Cheeseburger! Das verwechsele ich je-des-mal!"
Und Haggis setzte sich wieder in den Golfwagen. Die Gelegenheit benutzte der Ork, um Larry etwas in die Tasche zu stecken. „Das sind zwei Golddublonen. Sorge dafür, dass der alte Junkie sie nicht in die Finger bekommt." Usch-Krabhuhl stöhnte. „Mein Urgroßvater war ein kämpfender Uruk-hai und ich stecke einem Jungen Geld zu. In der Fantasy-Literatur geht wohl alles vor die Hunde."
Dann fuhr der Golfwagen wieder geradeaus. Vor Kammer 714 blieb er stehen. Larry konnte sofort sehen, dass dort etwas sehr wichtiges gelagert wurde. Die Tür war etwas schiefer als vor seinem Schließfach und ein mächtiger Zauberspruch stand darauf: „Bitte hier nicht einbrechen." Ohne Schreibfehler!

Haggis öffnete die Tür und steckte sich irgendetwas in seine Tasche. Natürlich konnte Larry nicht sehen, was es war, aber es roch unverkennbar nach alten Zwiebeln und einem verwesenden Emu. Larry entschied, dass es besser wäre, nicht zu fragen.

Außerdem vermutete er, dass es sich um jenen „Knüppel aus dem Sack" handeln müsse, der schließlich auch diesem Schinken den Titel gibt.

Und das war auch das Ende des Besuches bei Grinkotz. Haggis bestand darauf, den Hinterausgang zu benutzen, aus „Geheimhaltungsgründen", wie er sagte. Larry hatte eher im Verdacht, dass er den beiden Wachen vorn ausweichen wollte.

Als sie wieder in der Pinkelgasse standen, erinnerte sich Larry schlagartig daran, dass er seine Hogwutz-Sachen kaufen musste. Haggis erinnerte sich schlagartig daran, dass er dringend eine Ladung Stoff eimern musste. Also schob er Larry in irgendein Zauber-Aldi und verschwand erst mal.

Innen kauften Hexen, Magier und Rentner wie blöd irgendeinen Billigkram. Billige No-Name-Flüche, Billiggifte, Ekelkonfitüre und scheußliche Kleidung. Während Larry wie blöd mitten im Raum und damit allen im Wege stand, krachte plötzlich ein Junge von hinten in ihn rein. Da dieser Junge einen Haufen magischer Sachen, wie Totschläger, Sprengfallen, Meuchelgifte und Trickwaffen vor sich her getragen hatte, war Larry für ihn so gut wie unsichtbar gewesen.

Sofort entschuldigte sich der Junge bei Larry: „Ich würde dir den Darm aus dem Unterleib zaubern und dich damit erhängen, wenn ich den Spruch dazu schon wüsste!"

Larry betrachtete den Jungen. Er hatte eine gesunde Gesichtsfarbe wie weißer Kalk, böse, schwarz umrandete Augen, das Zeichen „666" auf seiner Stirn tätowiert und trug ein Schild mit der Aufschrift: „Heil unserem schwarzen Lord!"

„Ähm", sagte Larry.

„Wenn du ein dummer Buggel wärst, würde ich dich sofort eindampfen. Die minderwertige Buggelrasse ist Schuld an der schlechten Wirtschaftslage, den hohen Steuern und der globalen Erwärmung!"

„Aha", sagte Larry.

„Die Endlösung der Buggelfrage steht bevor. Die Wiederkehr des schwarzen Lords wird das Ende der Buggels sein. Endlich können wir Zauberer wieder frei parken und es mit Katzen treiben, wo wir wollen!"

„Oh", sagte Larry.

„Es gibt nur noch ein Hindernis! Dieser miese Larry Otter! Wenn ich den erwische, metzele ich ihn mit einer Schlagbohrmaschine nieder und tanze mit grobstolligen Golfschuhen Flamenco auf seinem Gesicht! Tja, ich muss jetzt gehen, du redest mir zuviel!"

Der geheimnisvolle Junge schleppte seine Ausrüstung zur Kasse. Dabei fiel ihm ein Blatt aus der Tasche. Larry hob es auf und faltete es auseinander. Es war ein Steckbrief, der ein ihm sehr bekanntes Gesicht zeigte. Es war sein eigenes. Darüber stand: „Gesucht: Larry Otter". Darunter stand: „Möglichst tot oder grausam abgeschlachtet. P.S. Um die Belohnung zu kassieren müssen Sie 51% des Leichnams vorweisen."

Mit einem Mal wusste Larry, dass er viele Bekannte haben würde. Und die wenigsten waren seine Freunde.

Die nächste Station war ein enger dunkler Laden namens „Olifanter Bomben & Granaten". Haggis hatte Larry nach Stunden des Drogenrausches gefunden, zu einem Häufchen Elend zusammengesunken unter einem Stapel von Elfen-Gleitmittel. Daraufhin hatte Haggis es für eine gute Idee gehalten, seinen Schützling zu bewaffnen.

Herr Olifanter war ein netter alter Mann mit lustigem kleinen Schnauzbärtchen auf der Oberlippe und einem strengen Seitenscheitel.

„Kutän Tack!", knurrte er Larry an. „Heil Otter!"

„Wir möchten einen Zauberstab kaufen...", fing Haggis an.

Herr Olifanter zog ein Metermaß aus der Tasche und vermaß Larrys Schädel. „Ich habä Zaubärrstäbe in die ganzä Wäld geliefärt. Berühmt sind meinä Überraschungslieferungen nach Polen."

Der eigenartige Mann kramte in einer alten Kiste. „Versuchä diesen Stab!"

Larry nahm den Stab, der sofort wie eine Sirene zu heulen begann. Er konnte das Ding kaum festhalten, als es sich mit einem markerschütternden Geräusch auf Haggis stürzen wollte.

Olifanter nahm Larry den Stab wieder ab. „Sturzkampfzauber", sagte er nur.

Der nächste Stab führte dazu, dass Larrys rechter Arm steif nach vorn zeigte. „Ich mag diesän Stab, abär er ist nicht das richtigä...", kommentierte Herr Olifanter.

Auch der „Blitzkrieg-Stab" und „Vergeltungs-Stab" sowie der „Lebensraum-Stab" waren nicht richtig.

Die Stabanprobe dauerte länger als geplant. Haggis nutzte die Zeit, um ein wenig Hasch zu kiffen und philosophische Gespräche mit der Tapete zu beginnen.

Schließlich warf Herr Olifanter alle Stäbe zu Boden und fing in einer eigenartigen Sprache an zu fluchen.

„Also probierän wir meinän Lieblingsstab!", knurrte er. Und ehe Larry wusste, wie ihm geschah, drückte ihm Olifanter einen massiven Eichenstab in die Hand. Larry wollte ihn schwingen, aber Olifanter hielt die Hand fest. Bedrohlich und geheimnisvoll näherte sich der alte Mann Larry und fragte ihn: „Willst du den totalen Zaubär? Willst du Zaubär totalär und radikalär, als wir uns Zaubär heute überhaupt vorställän können?!"

Larry schluckte nur.

„Diesär Stab wurde vorhär nur ein einzigäs Mal verkauft. Weißt du auch an wen?"

„An Vollidiot, den dunklen Lord? Habe ich den Gegenstab? Bin ich der positive Gegenentwurf zu ihm?"

Olifanter sah Larry verständnislos an. „Natürlich nicht. Den anderän Stab hat Bill Gates, um damät neuä und fehlerlosä Betriebsystämä entwickäln zu konnän."

Und da wusste Larry, dass er sich in jeder Lage auf seinen Zauberstab würde verlassen können, genauso wie jeder Computerbenutzer auf Windows.

Draußen dachte Larry über die eigenartige Begebenheit nach. „Sag mal, Haggis, wirkt die Magie nicht durch den Kosmos? Durchströmt sie nicht uns alle, unsere Seele und unseren Körper?"

Haggis kratzte sich zur Bestätigung am Hintern.

„Warum brauchen wir da also noch Stäbe?"

„Phallusersatz."

„Dachte ich mir."

Kapitel 5:
Der Zug von Plattform Pi

Larrys letzter Monat bei den Morsleys war kein Zuckerschlecken. Zwar kippten seine Stiefeltern keinen Industriemüll mehr in seine Tonne, dafür aber hatten sie etwas von der „großen Belohnung" aufgeschnappt, die der dunkle Feind auf Larrys Kopf ausgesetzt hatte. Reich werden und den unnützen Wurmfortsatz loszuwerden, düngte besonders Bimbo wie drei Fliegen mit einer Klappe zu schlagen. (Bimbo war auch in Mathe kein Ass.) Aber irgendwie schien ein mächtiger Zauber Larry zu beschützen, denn es geschah nichts. Das mag auch daran gelegen haben, dass die US Air Force auf die telefonische Anfrage von Onkel Morsley mitteilte, dass man seit Ende der Amtszeit Reagans keine Angriffe mehr auf Mülltonnen fliege. Auch als Onkel Morsley Larrys Namen per einstweiliger Verfügung in Saddam Otter änderte, geschah nichts. Den Morsleys blieb nichts anderes übrig, als zu warten.

Dann kam der 1. September. Um fünf Uhr erwachte Larry, weil die Müllabfuhr seine Tonne leeren wollte. Onkel Morsley war so nett gewesen, Larry als

Biomüll zu deklarieren und hatte den Müllmännern jeweils achtzig Pfund Trinkgeld gegeben.

Larry sprang aus der Tonne heraus und sah, wie die königliche Müllabfuhr sein Heim in den Riesenschredder des Müllwagens presste.

Dafür revanchierte er sich bei Onkel Varmint, indem er einfach einige Hände voll matschiger Erde in den Auspuff des neuen Familienwagens drückte. Das sollte für eine hübsche Überraschung reichen, wenn er heute morgen zur Arbeit fährt, dachte Larry.

Schließlich machte er sich zur nächsten U-Bahn-Station auf, um zum Bahnhof King's Cross zu gelangen. Dass es kein fiktiver Bahnhof war, sondern ein echter Londoner Eisenbahnknotenpunkt führte Larry auf einen findigen Werbetrick der Autorin zurück. Oder vielleicht war es auch nur Einfallslosigkeit.

In der U-Bahn fiel Larry trotz seiner Hogwutz-Kleidung, dem spitzen Hut und dem schwarzen Pleitegeier (sein Name war übrigens „Stoltenberg") auf seiner Schulter nicht weiter auf. Wie jeden Morgen war die U-Bahn voll mit den außergewöhnlichsten Gestalten, Althippies, Men-in-Black, Lemuren, Punks, Geistesgestörten und Zeugen Jehovas. Als ein Mann in Anzug und

Krawatte einstieg, richteten sich aller Blicke auf diesen eigenartigen Exoten.

Larry beachtete niemand.

Angekommen auf dem ehrwürdigen King's Cross Bahnhof hielt Larry sofort Ausschau nach Bahnsteig Pi. Das war gar nicht so einfach. Trotz seines mittelmäßigen Schulwissens kannte Larry die Kreiszahl Pi (3,14). Schwierig wurde es allerdings, sich zu diesem Bahnsteig durchzukämpfen. Am Bahnsteig 9 3/4 zum Beispiel waren ein Dutzend Notärzte damit beschäftigt, Schädelfrakturen zu versorgen, die sich Kinder zugezogen hatten, als sie versuchten, durch die Mauer zu laufen. Bahnsteig 7 2/9 war voll mit eigenartigen Sanjassins, die sich in Trance versetzten und vom nahen Weltuntergang faselten. Bahnsteig 5 3/3 war eigentlich identisch mit Bahnsteig 6, aber das wollte niemand wahr haben. Bahnsteig 4 war gar kein Bahnsteig, sondern ein Vortex in eine Parallelwelt namens „Nhur". Bahnsteig 15 war aus Versehen nach vorn verlegt worden und Bahnsteig 2 wurde von intelligenten Riesenratten zu einer gotischen Kathedrale umgebaut.

„Zum ersten Mal auf Hogwutz?", fragte ihn plötzlich eine Stimme.

Larry drehte sich herum und sah eine ältere Frau, die einen spitzen, schwarzen Hut trug und in schwarze Gewänder gehüllt war. Sie hatte eine lange, gebogene Nase mit einer Warze auf der Spitze, hielt in einer Hand einen alten Reisigbesen und auf ihrer linken Schulter saß eine schwarze Krähe.

„Sind Sie eine Hexe?", fragte Larry das wandelnde Klischee.

„Nein, ich bin eine Feuerwehrfrau."

„Aha. Und wie komme ich jetzt nach Hogwutz?"

„Du musst dich durch die Damentoilette herunterspülen."

„Das ist doch ein Witz."

„Natürlich. Der Hogwutz-Express hält draußen vor dem Bahnhof. Wegen eklatanter Missachtung der Sicherheitsvorschriften darf der Zug hier nicht einfahren. Ich mag deine Katze."

„Das ist ein Geier."

„Meinetwegen. Ich bin kein Botaniker."

„Aber ziemlich verrückt sind Sie schon."

„Wer sagt das?"

„Wir", antworteten statt Larry zwei Pfleger der königlichen Nervenheilanstalt und stopften die Dame samt ihrer Krähe in eine Zwangsjacke. Als sie damit fertig waren, musterte einer der Herren Larry und griff nach einer zweiten Jacke.

Rasch packte Larry seine Sachen und schleppte sie auf den Platz hinter dem Bahnhof. Hier herrschte buntes Treiben. Hexen und Magier, Drogensüchtige und StarTrek Fans, Lokalpolitiker und andere Verrückte rannten wild durcheinander.

Auf einem total verrosteten Gleis stand ein schrottreifes Exemplar einer umweltverschmutzenden Kohlelokomotive. Die giftigen Dämpfe, die aus dem undichten Kessel austraten, reizten die Anwesenden zum Dauerhusten.

Die ersten Waggons waren bereits zum Bersten voll mit Hogwutz-Zöglingen. Einige hingen aus den Fenstern und reiherten sich die Seele aus dem Leib.

Larry versuchte verzweifelt, einen Platz in einem der vorderen Wagen zu ergattern. Mit der Hilfe eines anderen Schülers wuchtete er seinen Koffer auf die Gepäckablage. Dabei konnte der andere kurz die blitzförmige Narbe auf seiner Stirn sehen.

„Oh mein Gott! Er ist es!", rief der Junge aus. „Kann ich ein Autogramm haben?"

Geschmeichelt nahm Larry einige seiner Hochglanz-Fotografien aus der Tasche und signierte sie.

„Was soll denn das?", beschwerte sich der andere, als er die Autogrammkarte in den Händen hielt. „Bist du nicht Will Wheaton?"

„Äh, nein. Ich bin Larry Otter. Meine Eltern kamen ums Leben, als der böse Magier Vollidiot sie..."

„Das kommt in keiner TNG-Episode vor. Ist wahrscheinlich TOS. Fährt dieser Zug hier denn nicht zur Mega-Convention 2?"

„Nein, das ist der..."

„Dann vergiss es! Lebe lange und in Frieden."

Der frustrierte Trekkie hatte gerade noch Zeit, den Waggon zu verlassen. Die Pfeife des Hogwutz-Express krähte einen scheußlichen Ton heraus und schon setzte sich der Zug in Bewegung.

Plötzlich wurde die Tür zu Larrys Abteil erneut aufgerissen. Zur Begrüßung flogen ihm mehrere Koffer ins Gesicht.

„Hallo! Wir sind Rum, Brett und Stooge Beastley. Hogwutz-Schüler und immer zu einem Späßchen aufgelegt. Hier ist unsere Lebensgeschichte."

Larry, der sich langsam unter den Koffern hervorgearbeitet hatte, nahm das fotokopierte Epos entgegen und warf es aus dem Fenster.

„Larry Potter. Narbe. Verstoßen. Stiefeltern.", stellte er sich vor und schüttelte eine Runde Hände.

„Fein!", jubelten die Beastleys. „Bist du *der* Larry Otter?"

Larry seufzte. „Ich glaube schon."

Rum Beastley packte einige zweifelhaft aussehende Stullen aus. „Möchtest du mal beißen?"

Larry überlegte kurz. Offensichtlich waren die Schimmelkulturen im Brot kurz davor, Freiheit, Mitbestimmung und andere bürgerliche Rechte zu fordern. Belegt war es mit organischen Substanzen, die nahrungsidentische und nahrungsähnliche Qualitäten besaßen.

Harry lehnte höflich ab. Stattdessen lud er die Beastleys zu einem kleinen Snack ein. Da kam eine in Lumpen gehüllte Frau gerade recht, die einen halb verrosteten Karren mit allerlei wundersamen Dingen ins Abteil schob.

„Möchtet ihr etwas, meine Lieben?", fragte die Alte mit einer lieblichen Stimme, die einen Diamanten hätte zum Zerspringen bringen können.

„Äh, ja", antwortete Larry. „Haben Sie auch Sachen, die schon tot sind?"

Die Alte kratzte sich am Kopf und ein Gestöber aus Schuppen und Ungeziefer regnete auf Larry nieder.

„Ich glaub' das hier ist ziemlich tot."

Larry nahm den Inhalt der Tüte, die ihm die Alte reichte, gleichmütig entgegen, schlug ein paar Mal darauf ein und bezahlte acht Kringels fünfzig. Freigiebig schüttete er den Inhalt über die Beastleys aus. Einige der „Spezereien", die Larry erstanden hatte, huschten sofort davon. Aber sie waren nicht schnell genug, denn Rum Beastleys geschickte Finger waren überall. Genüsslich die zappelnde Brut kauend beäugte der kleinste Beastley gierig-interessiert den Rest von Larrys Einkauf.
„Hast du Dolly Buster? Mir fehlt noch Dolly Buster."
„Wie bitte?"
Brett Beastley lachte. „Du bist ein Magier und kennst noch nicht Brumblemores geile Miezen in Schokoladenersatz?"
Larry musste zugeben, von derlei Dingen noch nie gehört zu haben. Die Beastleys klärten ihn auf, dass in einigen der mit Schokolade überzogenen Kekse kleine schlüpfrige Bildchen zum Sammeln versteckt waren. Da gab es Chasey Lain, Ginger Lynn, Heather Hunter, Kobe Tai usw.
Larry biss in einen der Kekse. Er schmeckte furchtbar. Aber das Bild, das er herauszog, zeigte eine Dame mit herausragenden Qualitäten.

Brett Beastley, offensichtlich der größte Sittenstrolch unter den Anwesenden, nickte anerkennend. „Jewel de Nyle. Ein guter Start für deine Sammlung. Und schon die neue Serie im Laminat. Abwaschbar."
Anschließen hatten die Jungen für etwa zwei Stunden einen Riesenspaß dabei, einen Schokokeks nach dem anderen anzubeißen und die Bildchen herauszuholen. Dann verabschiedete sich Brett kurz. Er musste auf die Toilette.
Der Spaß erlitt jedoch ein jähes Ende, als Brett zurückkam. Er wurde begleitet von einer weiteren Hogwutz-Schülerin, die bereits ihre Uniform trug. Das Mädchen hatte wirres braunes Haar, in dem irgendein exotisches Tier zu nisten schien. Auch trug sie eine schwarze Hornbrille, hatte einen deutlichen Überbiss und verfügte über den Sex-Appeal eines verstopften Abflusses.
Das Mädchen schubste Brett in das Abteil. „Gehört diese kleine perverse Ratte zu euch?" keifte sie.
Rum, Stooge und Larry leugneten vehement, Brett jemals gesehen zu haben.
„Seid ihr sicher?", keifte das Mädchen. „Er sieht zweien von euch sehr ähnlich. Könnte er nicht euer Bruder sein?"
„Ich habä keinä Brudär." sagte Stooge.

„Ich nix sprechän Sprack." bestätigte Rum.

„Was hat er überhaupt gemacht?" fragte Larry.

„Ich will euch lieber nicht verraten, was dieser kleine Widerling vor unserem Mädchenabteil veranstaltet hat. Er hatte jedenfalls eine Menge dieser Nackedei-Bildchen dabei."

„Du bist nur neidisch, dass du niemals in einem Schokokeks stecken wirst, Waschbrett!", murmelte Rum.

Das Mädchen musterte ihn eiskalt. „Mein Name ist Termite Ranger und ich habe vor, das Schulprofil entscheidend zu verbessern. Ich habe alle Schulbücher auswendig gelernt und sämtliche Informationen über Hogwutz in einem handlichen Kompendium kompiliert. Es erscheint nächste Woche als E-Text auf meiner eigenen Homepage. Außerdem habe ich bereits viele Zaubersprüche gelernt und erfolgreich erprobt."

„Und warum ist dann er Schönheitszauber so grauenhaft missglückt?", platzte Brett lauthals heraus.

Termites Antwort ging in einem lauten Gelächter der Jungen unter. Sichtlich angefressen knallte sie die Tür zum Abteil zu.

Keine zehn Minuten später gellte die grässliche Pfeife des Hogwutz-Express wieder einmal. Kurz darauf kam der Zug zu einem abrupten Stillstand. Larry hatte gerade noch Zeit, seine letzte Tauschaktion zu beenden (drei Pamela Andersons gegen eine Tracy Lords), als auch schon der Ruf ertönte: „Alle Schüler und anderes Ungeziefer aussteigen! Der Hogwutz-Express ist angekommen." Larry und die Beastleys kramten eilig ihre Sachen zusammen. Larrys Geier, der die ganze Zeit im Gepäcknetz geschlafen hatte, kletterte auf die Schultern des Hogwutz-Frischlings und würgte ein halb verdautes Hühnerküken hervor. Aus Liebe oder vor Aufregung oder einfach nur aus Magenschmerz blieb sein Geheimnis.

Verdutzt erkannte Larry draußen, dass der Zug nicht direkt vor Hogwutz gehalten hatte, sondern vor einem baufälligen alten Schuppen zum Stillstand gekommen war, der am Ufer eines Baggersees stand. Dort erwartete sie auch Haggis mit einer Anzahl von aufblasbaren Ruderbooten. Der Wildhüter begrüßte die Ankömmlinge. „Boah! Cool, man, ey!!" Der Rest ging in einem undefinierbaren Gegurgel unter.

„Sieht so aus, als wäre er völlig stoned", dachte Larry. Dann blickte er über den großen Baggersee hinaus und sah zum ersten Mal das imposante Gebäude, das ihm für ein Jahr seine Heimat werden sollte. Hogwutz war offensichtlich von einem an Syphilis und Gehirnerweichung leidenden Architekten entworfen und anschließend von einem unbeherrschten Brontosaurier an das gegenüber liegende Ufer des Baggersees erbrochen worden.

„Warum eigentlich kann uns der Zug nicht direkt nach Hogwutz bringen?", wunderte sich Larry.

„Erste Lektion: keine dummen Fragen stellen", ermahnte ihn Haggis, der einen seiner hellen Momente hatte. „Und zweitens ist das andere Ufer immer noch unter Quarantäne wegen einer Lungenpest-Epidemie, die wir letzte Woche hatten. Übrigens sind jetzt wieder viele schöne Zimmer frei. Aber verbrennt vorher alle Matratzen und die Tapete."

Kapitel 6:
Der Sortierhut und eine Menge Perverser

Hogwutz entpuppte sich in der Tat als eine architektonische Scheußlichkeit ersten Ranges. Erbaut war die Magierschule in einem neoprimitiven Stil mit Geschmacklosigkeiten wie dem eitergelben Eingangstor, das man von einer Fabrikhalle gestohlen hatte.

Haggis mühte sich ab, das Tor zu öffnen, während die neuen Hogwutze nervös und unter sich urinierend davor standen.

Endlich hatte der bedröhnte Wildhüter und Aushilfshausmeister es geschafft, die beiden Hebel zu bedienen und das Tor schwang nach innen auf. Eine billige Fanfare, die von einem ausgeleierten Band abgespielt wurde, schepperte blechern auf die Schüler herunter.

Schließlich erschien Professor McGonorrhöe persönlich, um in ihrer freundlichen Art und Weise den Nachwuchs der Magierelite zu begrüßen. „Noch mehr von diesen widerlichen Ratten", stöhnte sie und goss etwas Bacardi in ihren Drink. „Manchmal frage ich mich, warum ich diesen Beruf ergriffen habe. Lehrer! Das ist kein Beruf, sondern eine Diagnose.

Also los, kommt rein und macht keinen Krach. Oder Dreck."

Larry hatte noch nie so etwas gesehen wie die Magierschule Hogwutz. Innen waren die Wände grün und gelb von Schimmel, Wasser tropfte aus undichten Leitungen und jede Steckdose war eine Todesfalle.

In der „Großen Halle", die mit roh zusammen gezimmerten Bänken und Tischen vollgestopft war, konnte man die Decke nicht sehen. Sie war durch einen perfekten Illusionszauber so gestaltet worden, dass sie wie der freie Himmel aussah. Die Illusion war so perfekt, dass es in der Halle hell war, wenn es draußen hell war und dunkel, wenn es draußen dunkel war. Auch regnete und stürmte es in der Halle. Larry bemerkte, dass offensichtlich auch die ein oder andere Wand durch einen perfekten Illusionszauber so erschien, als sei sie brüchig und winddurchlässig. Und schließlich war wohl auch der penetrante Gestank eine perfekte Illusion. Wahrlich große Magie herrschte in Hogwutz!

In der Halle waren die übrigen Hogwutz-Jahrgänge versammelt. An einem langen Tisch ganz am Ende der Halle saßen die Honoratioren und Lehrer der Zauberschule. Sie waren schon ziemlich angetrunken und nahmen die Neuankömmlinge kaum zu Kenntnis. Nur ein eigenartiger Mann fiel Larry auf. Er hatte ein pockennarbiges Gesicht, tiefe stechende Augen, eine Hakennase und die Worte „Ich hasse Larry Otter" auf die Stirn tätowiert. Außerdem trug er eine Leuchtreklame „Otter kill kill kill". Der nette Mann weidete gerade eine Voodoo-Puppe aus, die eine bemerkenswerte Ähnlichkeit mit einem Jungen hatte, dessen Stirn eine blitzförmige Narbe zierte. Larry war im Moment entfallen, wer das sein könnte. Auf jeden Fall freute er sich, bei diesem Lehrer Unterricht zu haben. Auch ein zweiter Lehrer war da, der hier noch genannt werden muss. Er trug eine Keksdose aus Blech auf dem Kopf und schien eigenartige Signale von einem „großen Meister" zu empfangen. Jedenfalls war er in unablässige Zwiegespräche mit seinem Hinterkopf vertieft. Aber da die Handlung in diesem Schinken auf der Stelle tritt, kommt der nette schizophrene Massenmörder erst wieder gegen Ende vor.

Professor Dummfuß Brumblemore erhob sich unsicher und ergriff das Wort. „Singen wir nun zu Ehren unserer neuen Schüler das Hogwutz-Lied."
Und in einer erbärmlichen Kakophonie, die in ihrem Dilettantentum nur noch von den

Friedensbemühungen im Nahen Osten übertroffen wurde, legten die Hogwutze los:

Komm nach Hogwutz! Komm nach Hogwutz!
Oh voller Dreck, Kot und auch Schmutz!
Die Lehrer sind dumm und notgeil auch,
saufen und huren nach altem Brauch.
Hier gibt's kein Zeugnis und kein Diplom,
hier gibt's kein Wasser und keinen Strom!
Oh Hogwutz, mein Hogwutz!

Bin ich in Hogwutz! Bleib ich auf Hogwutz!
Oh, welch ein wunderbar herrlich Genutz!
Karriere wollen wir hier machen
Zauberdinge und andere Sachen.
Hier gibt's viel Feind und auch viel Ehr,
Die Rechnung zahlen wir hinterher!
Oh Hogwutz, mein Hogwutz!

„So, das reicht jetzt!", brüllte McGonorrhöe. „Gemäß der alten und ehrwürdigen Tradition eines verkalkten Klassensystems und um uns Lehrern einen billigen Autoritätsbeweis in die Hand zu geben, indem wir euch gegeneinander stellen, werden wir nun die Neuen in die Häuser einteilen. Es gibt vier Häuser:

Schlitzerin, das ich sehr schätze, weil die höchsten Bestechungsgelder daher kommen. Puffelmuff, das schon durch den albernen Namen genug bestraft ist und Greifihndir, wohin wir den Abfall stecken, den wir aufnehmen müssen, um unsere Lizenz nicht zu verlieren. Außerdem gibt es noch Reifenklau, das zwar erfunden wurde, wofür die Autorin aber offensichtlich so wenig Verwendung hat, dass es kaum vorkommt."

Professor McGonorrhöe kratzte sich etwas angewidert den Hintern. „Und ihr fragt euch sicher, wer euch in die Häuser einteilen wird. Dies geschieht nicht etwa durch einen Aufnahmetest oder nach gesicherten pädagogischen Methoden. Noch nicht einmal durch Bestechung, womit hier sonst alles funktioniert. Nein, die Entscheidung, die schließlich eueren ganzen übrigen Lebensweg und die Karriere, die ihr beschreiten werdet entscheiden wird, legen wir in ganz besonders kompetente Hände. Nämlich in die Hände eines grotesken und ziemlich stinkenden sprechenden Hutes."

„Ist die besoffen?", fragte Rum Beastley.

„Ich wünschte, es wäre so", stöhnte McGonorrhöe, die die Bemerkung offensichtlich aufgrund ihrer gewaltigen magischen Kräfte gehört haben musste.

Vielleicht aber auch, weil der unterbelichtete Beastley ihr genau gegenüber stand.

Auf jeden Fall erhob sich nun ein Orchester aus fünfzig lobotomierten Kobolden und imitierte überzeugend das Geräusch einer räudigen Katze, mit der ein Baby verprügelt wird. Anschließend wurde auf einem schmutzigen Tablett ein Ding hereingefahren, das man nur noch als verwesendes Flusspferd bezeichnen konnte. Unförmig und mit obszönen Schmierereien bedeckt lag der Haufen vor den Neuankömmlingen. Das war der berühmte „Sortierhut". Ein Schüler von Hogwutz wurde einmal gefragt, wie sich der Sortierhut auf dem Kopf anfühle. Er antwortete, das Gefühl lasse sich am Besten mit dem Tragen eines zehn Tage alten gebrauchten Kondoms vergleichen, das von einem Mann benutzt worden war, der am weichen Schanker elendig eingegangen war und das man zwangsweise übergestülpt bekommt, bevor man von einer zahnlosen Bahnhofshure einen geblasen bekommt. Im Hogwutz-Jargon nannte man den Sortierhut dann auch populärer „die Hogwutz-Lümmeltüte".

Hogwutz-Schüler sind nicht für ihre Zurückhaltung bekannt. Die Autorin dieses Buches auch nicht.

Aufgrund eines kreativen Schubes, ausgelöst durch massive Blähungen, öffnete der Hut seinen Mund und begann zu singen. Jedenfalls hofft die gesamte Hogwutz-Schülerschaft, dass es sich bei der Öffnung um den Mund des Hutes hält. (Allerdings hat dann noch niemand bedacht, in welche Öffnung des Hutes man dann seinen Kopf zu stecken hat.)
Und das sang der Hut:

Oh, ihr glaubt wohl, ich stinke
und damit habt ihr Recht.
Den ganzen Tag ich trinke
bis mir wird so schlecht.
In euren kleinen Köpfen
nichts bleibt mir unbekannt,
doch trinken, fixen wichsen
tut jeder hier im Land.
Also:
Steck' ich euch in Schlitzerin,
wo jeder ist korrupt?
Oder macht ihr es mit Glyzerin,
(wie die Jungs von Greifihndir)
wenn ihr euch die Möhre schrubbt?
Fast normal wär' Puffelmuff,
wenn ihr gern Pornos seht.

Doch nichts geht über Reifenklau,
wenn euch die Latte steht.
Ich bin die Hogwutz-Lümmeltüte
und habe gern viele Frau'n,
doch ohne Hände kann ich nichts,
nur unter Röcke schau'n!
Ta-wumta wumta wumtata
wumta wumta wum!

Der Hut produzierte anschließen einige zweideutige Geräusche. Dann verbeugte er sich ein wenig und fragte: „Soll ich auch die zweite Strophe singen? Dafür müsst ihr über achtzehn sein!"

Professor McGonorrhöe steckte dem lästigen Hut ihren Zauberstab in den Mund und reizte ihn damit zum Erbrechen. „Es ist nicht schön, aber die einzige Methode, ihn zum Schweigen zu bringen."

Die erste Schülerin, die die Ehre hatte, den Sortierhut aufsetzen zu dürfen, war eine gewisse „Amanda Dermichknutscht". Sie verschwand unter ihm und nur Sekunden später hörte man „Puffelmuff!"

Larry glaubte noch ein unterdrücktes „Das war ja ein erbärmlicher Quickie" zu hören, als schon die nächste an die Reihe kam. So wurde die ganze Rattenbande an Hogwutz-Neulingen verteilt. Larry wurde immer nervöser, je näher sein Buchstabe rückte. Da Prof. McGonorrhöe dazu übergegangen war, nach jedem Spruch des Hutes einen zu kippen, waren Fehler nur natürlich. So kam Termite Ranger noch vor Larry dran. Sie trug den Hut nur eine Sekunde und schon fauchte sie: „Der hat ein Problem mit selbstbewussten Frauen."

Der Hut erwiderte: „Aber im Gegenteil, Baby. Ich liebe Weiber, die sich wehren." Dann steckte er sie nach Greifihndir.

Schließlich kam Larry an die Reihe. Er bekam den widerlichen Hut aufgesetzt und befand sich etwas im Unklaren darüber, was er denken sollte. „Wie ich sehe befindest Du Dich im Unklaren darüber, was Du denken sollst", hörte er die Stimme des Hutes in seinem Kopf. „Aber keine Angst, ich bin Meister im Aufspüren geheimer Wünsche." Nach einer Weile der Stille sagte der Hut: „Es ist also Dein geheimer Wunsch, einmal den Milchmann Tevje in Anatevka zu singen. Also gut, ich gebe den Einsatz: eins, zwei: *wenn ich einmal reich wär'*..."

„Das stimmt doch gar nicht!" beschwerte sich Larry.

„Bist Du sicher?" fragte der Hut. „Na gut. Wie wäre es dann mit dem Papageno aus der Zauberflöte? Eins, zwei: *In diesen heiligen Hallen kennt man die Rache nicht...*"

„Ich will überhaupt nichts singen!" motzte Larry. „Und außerdem war das der Sarastro."

„Aber wenn Du nicht singen willst, was machst Du dann hier?"

„Du sollst mir sagen, in welches Haus ich gehöre!"

„Ach so. GREIFIHNDIR"

Das letzte Wort hatte der Hut laut gesprochen. Die Greifihndir-Bande jubelte laut. Auch Rum Beastley kam nach Geifihndir, was mit lautem Jubel quittiert wurde. Dann, nachdem das Haus noch einige Nasen erhalten hatte, die so aussahen, als könnten sie noch nicht einmal ein Streichholz abbrennen, war die Zeremonie auch schon zu Ende.

„Und jetzt bloß weg mit diesem Seuchenherd!", fauchte Prof. McGonorrhöe. Sie trat angewidert gegen den Tisch, auf dem der Hut lag. „Also, ihr kleinen Ratten: Jetzt, wo ihr einem Haus gehört, seid ihr für dieses Haus verantwortlich. Wenn ihr etwas gut macht, erhält das ganze Haus Punkte. Wenn ihr etwas schlecht macht, werden dem Haus Punkte abgezogen. Diese Art der Kollektivbestrafung ist zwar seit Jahrhunderten verboten, aber das

interessiert uns nicht. Wir sind autoritär, aber keine Autoritäten. Die Sitzung ist geschlossen!"
Dann setzte sie sich eine übergroße Flasche Bacardi an den Hals und trank sie auf einem Zug leer.
„Das ist die einzige Möglichkeit, diesen Mist zu ertragen", seufzte McGonorrhöe. „Und die zehn ersten Punkte für Schlitzerin, weil mir dieses Haus netterweise meinen Alkohol zur Verfügung stellt."
„Schlitzerin besticht unsere Hauslehrerin?", fragte Larry ungläubig den neben ihm sitzenden Geist.
„Aber ja. Die haben alles: mehr Geld, bessere Verbindungen, jüngere Nutten und sogar einen besseren Hausgeist. Ach, ich vergaß ganz, mich vorzustellen. Ich bin Greifihndirs Hausgeist, der fast schwanzlose Dick."
Rum Beastley musterte den Geist misstrauisch. „Wie kann man *fast* schwanzlos sein?"
„Naja, du musst ihn nur schnell genug wegziehen."
„Ich verzichte auf weitere Erklärungen. Aber wer ist der Hausgeist der Schlitzerins?"
Am Tisch der Schlitzerins hatte sich jetzt eine bleiche Gestalt erhoben, die einen strengen Seitenscheitel und Oberlippenbärtchen trug. Sie fing in einem durchdringenden lauten Ton an, über „die Endlösung der Buggelfrage" zu palavern und

„Lebensraum in Avalon" zu fordern. Und der eigenartige Junge, den Larry schon in der Pinkelgasse gesehen hatte, applaudierte am Lautesten.

„Das kann ja heiter werden" dachte Larry bei sich.

Kapitel 7:
Handbuch für Giftmischer

Die ersten Wochen auf Hogwutz waren für Larry Otter sehr eigenartig. Da gab es überall wundersame Magie. Zum Beispiel öffneten sich einige Türen nur, wenn man ein Losungswort sagte. Da das Losungswort aber meist aus irgendeiner schweinischen Sauerei bestand, war es für Larrys ständigen Begleiter Rum Beastley ein Kinderspiel, überall hinein zu kommen. Aber auch andere Dinge begleiteten Larry in Hogwutz. Ein permanenter Gestank nach Ammoniak und gekochtem Kohl, Abwasserrohre, die spannende Geräusche machten und ab und an ein kleines Attentat der Schlitzerin-Bande unter ihrem neu erkorenen Anführer Spacko Dellfreu.

Die Unterrichtsfächer waren ebenfalls etwas eigenartig. Da gab es Dämonenbeschwörung, Tränkebrauen, Cocktailmixen (sehr beliebt bei allen Lehrern), Knacken von Bankautomaten und Datenklau im Internet. In jeder zweiten Stunde aber stand das Bemalen von kleinen Plastikfigürchen für den Export nach Thailand auf dem Programm. Professor McGonorrhöe hatte den Schülern erklärt, dass dies eine nötige Übung wäre, um Vampire und Grabunholde zu bannen. Sicherlich hatte es nichts damit zu tun, dass die Lehrerin sich mit Kinderarbeit eine goldene Nase verdiente.

In der ersten Stunde, die Larry mit seinen neuen Freunden und der nervtötenden Termite Ranger hatte, wollte Gonorrhöe ihnen beibringen, wie man ein Ohrenstäbchen in eine Banane verwandeln kann. Dieser Trick, so die Professorin, sei von essentieller Wichtigkeit, falls man von der „Großen Banane der Apokalypse" angegriffen werde und nichts anderes als ein Ohrenstäbchen zu seiner Verteidigung habe. Die Übung war also um einiges sinnvoller und für das Leben nötiger als der Rest, den man so in der Schule lernt.

Eine Doppelstunde lang arbeiteten die Schüler, indem sie ihre Zauberstäbe über den Ohrenstäbchen schwangen. Die Ergebnisse konnten sich sehen lassen. Rum hatte das Ohrenstäbchen in einen Vibrator verwandelt. Zwei weitere Schüler hatten sich das Ding einfach in die Ohren gesteckt und begaben sich auf Höhlenforschung. Ein nicht geringer Prozentsatz der Klasse hatte das Ohrenstäbchen auch ganz einfach aufgegessen.

Nur Termite war es gelungen, die Aufgabe zu bewältigen. „Wenn Du so weitermachst, schaffst Du es zu einer Quotenfrau im Management." urteilte McGonorrhöe mit Kennerblick.

„Sollte ich nicht meine Ziele höher stecken?", fragte Termite die Lehrerin entrüstet.

„Kleines, entweder du heiratest aus Torschlusspanik und bekommst ein Kind, dann bist du sowieso weg aus Beruf und Karriere. Oder du verzichtest auf ein Kind, dann bleibt dir nur noch das Saufen."

Und McGonorrhöe pumpte einen Gin Fizz ab.

Allseits beliebt war auch „Tränke brauen mit Dr. Schnaps" Schnaps war der nette Mensch, der bei der Einschulung Larry so durchdringend angesehen hatte, dass dessen blitzförmige Narbe noch lange danach geschmerzt und so zu einem akuten Durchfall geführt hatte. Im Unterricht war Schnaps aber ein totaler Profi. Seinen pathologischen Hass auf Larry zeigte er nicht. Er schrieb lediglich einige nett gemeinte Todesflüche gegen Larry an die Tafel und gab der Klasse auf, diese hundert Mal abzuschreiben. Der Unterricht bei Doktor Schnaps bestand danach im Wesentlichen aus dem Herstellen eigenartiger Dinge wie Cola Light, Red Bull oder auch synthetischem Heroin. Die Greifihndirs hatten mit den Schlitzerins zusammen diese hohe Kunst, wobei besonders Spacko Dellfeu sich dadurch auszeichnete, dass er mit einer hündischen Ergebenheit am linken Bein des Doktors hing und mit hechelnder Zunge alles aufsog, was Schnaps sagte.

„Irgendwie habe ich das Gefühl, unser Lehrer hat einen Lieblingsschüler", vermutete Rum, der sich mit einem kleinen Spezialexperiment abmühte, dass er „Viagra flüssig" nannte.

„Wie kommst du denn darauf?", fragte Larry.

Schnaps bemühte sich unterdessen, Dellfeu aus seinem Rektum zu entfernen.

Der Rest des Unterrichts auf Hogwutz ist kaum erwähnenswert. In „Defizitologie" zum Beispiel lernten die jungen Magier, wie man einen Schuldenberg vor der nächsten Wahl wegzaubert. Oder in „Politologie" wie man aus einer unglaublichen Umweltkatastrophe eine harmlose Sache macht.

Jedenfalls verliefen die ersten Wochen auf Hogwutz für Larry spannend und lehrreich. Kaum einer versuchte ihn zu ermorden und während er im englischen Schulsystem fast nichts fürs Leben gelernt hatte, so lernte er auf dieser Fantasieschule noch viel weniger.

Eines schönen Tages (es wird ja schließlich Zeit, dass wir die Handlung vorantreiben, aber diesen Hinweis erhalten Sie noch öfter) erhielt Larry eine geheimnisvolle Nachricht. Auf einem Kärtchen stand: „Fetisch-Sado-Maso. Peitsche, Prügeln, Latex. Alles, was den besonderen Geschmack ausmacht."
„Was soll das?" wunderte sich Larry. Aber dann drehte er das Kärtchen herum. In ungelenker Kritzelschrift hatte Haggis (wer sonst?) darauf geschmiert: „Komt heute in mein Klup. Geöfnet ab 16 Uhr. Ein Geträng frei. Kenword: Natursekt."
Larry lieh sich Rums Kugelschreiber und kritzelte zurück: „Okay, wir kommen!" und steckte das Kärtchen Stoltenberg in den Schnabel. Der hob ab und flatterte davon, nicht ohne ziemlich unbeherrscht zu zeigen, wie gut ihm das Frühstück bekommen war.
In der Tat lief alles in Hogwutz über die Eulenpost. Entweder weil die Königliche Post nicht besonders zuverlässig ist oder aber die Autorin es für einen umwerfend genialen Einfall hält, erhielten die Hogwutz-Zöglinge ihre Post ausschließlich über geflügelte Kuriere. Jeden Morgen kreisten Hunderte von Eulen, Geiern, Sperbern und Harpyien über dem Frühstücktisch. Wenn man Glück hatte, ließen sie

nur die neueste Post oder Kataloge von Victoria`s Secret fallen. Meisten aber hatte man kein Glück und so manches Müsli wurde um eine rein biologische Zutat bereichert.

Doch zurück zum eigentlichen Thema. Haggis' Club befand sich am Anfang des sogenannten „Verbotenen Waldes". Dies war eher eine erbärmliche Ansammlung von wilden Sträuchern und einem Haufen Bäumen, die ein stummes Zeugnis vom Waldsterben ablegten. Außer in Kapitel vierzehn, wo der Wald plötzlich zu einem ausgestalteten Handlungsort wird, in dem man etwas Spannungsmache betreiben kann. Aber zurück zu unserem Wildhüter. Haggis' Clubhaus war einfach eine Hütte mit vernagelten Fenstern und einem Schild davor: „Zutrit ap 18, alle Kretidkaten"

Larry und Rum klopften an die Tür. Von innen hörte man wüstes Gebell und Haggis verwaschene Stimme: „Zurück Spanner! Zurück!" Dann fiel die Tür fast auseinander und Haggis stand in schmutziger Unterwäsche vor ihnen. In seiner Hand qualmten die Reste eine Riesenjoints. Ein Geruch von ranzigem Eiter, Schimmelpilz und Cannabis schlug Larry entgegen. Ein räudiges Monstrum, offensichtlich eine Kreuzung aus festgetretenen Fäkalien und undefinierbarem Dreck klöffte sich immer noch die Seele aus dem Leib. Überall lagen leere Bierdosen. Die Einrichtung bestand aus haufenweise Abfall, darüber eine Schicht Abfall und ein wenig Abfall in den Ecken.

„Du verstehst zu leben, Haggis!", lobte Larry den Wildhüter.

„Wollt ihr 'ne Runde eimern?"

„Ähm, nein. Du hast uns eingeladen..."

„Hä?", Haggis zog nachdenklich an dem Rest seines Joints. Spanner, der „Hund", fraß derweil etwas Abfall. „Ach ja, wolltet, dass ihr das hier seht." Er drückte Larry einen Zeitungsausschnitt aus dem Playelf-Magazin in die Hand.

Rum besah sich das Foto mit Kennerblick. „90-60-90" pfiff er durch die Zähne.

„Ich glaube, die wird Playelf des Jahres", lächelte Haggis. Spanner erbrach sich zustimmend in einer Ecke und versuchte dann als Freundschaftsbeweis Larrys Schritt zu lecken.

„Was hat das aber mit mir zu tun?", fragte Larry, während er gezielt nach dem Hund trat.

„Gar nichts. Aber das hier vielleicht!"

Larry bekam einen verschmutzten Ausriss aus einer Zeitung in die Hand gedrückt. Der Artikel lautete:

„Einbruch in Grinkotz. Nichts gestohlen. Der berühmte Knüppel-aus-dem-Sack, den die Hogwutz Idioten Gonorrhöe und Brumblemore in Grinkotz vor dem bösen Vollidiot in Sicherheit bringen wollten, wäre beinahe gestohlen worden. Der unterbelichtete drogensüchtige Wildhüter von Hogwutz hatte aber das Glück, nur Minuten vor dem Einbruch von Vollidiots Schergen das magische Teil abzuholen. Wir vermuten, dass der Knüppel-aus-dem-Sack jetzt auf Hogwutz unter einer erbärmlich gesicherten Falltür versteckt wird. Sollten Vollidiots dunkle Heerscharen das Artefakt in ihre Hände bekommen, wäre es mit der Welt, so wie wir sie kennen, zu Ende. Da wir die Fähigkeiten Brumblemores und Gonorrhöes kennen, begrüßen wir schon jetzt unseren Dunklen Lord. P.S. Die Belohnung für die Leiche von Larry Otter ist erhöht worden, Teilzahlung bei Vorweisung von Körperteilen möglich."

Larrys Augen weiteten sich. „Das ist ja schrecklich!" Haggis warf sich ein paar LSD-Tabletten ein. „Glaube nicht, dass ich sagen werde, worum es eigentlich geht oder was aus Grinkotz gestohlen wurde oder was das alles mit dir zu tun hat."

„Das ist ja auch gar nicht nötig, das steht doch alles im Artikel!"

„Ach wirklich? Auch das mit der Belohnung für deine Leiche?"

„Ja."

„Oh. Na, es gibt bestimmt nichts, was dir Sorgen bereiten würde. Vollidiot verfügt nach seiner Niederlage nur noch über ganz wenige Höllendämonen und kaum noch über gehirnfressende Zombies. Allerdings habe ich schon lange nichts mehr von den blutsaugenden Axtschlächtern gehört. Aber die sollten ja ein Resozialisierungsprogramm bekommen und haben sicherlich in einen bürgerlichen Beruf gewechselt. Du kannst dich also ganz auf deine Studien konzentrieren."

„Ich glaube, mir wird gleich schlecht."

„Nur zu! Aber könntest du dich in meine Schlafecke übergeben? Ich liege gerne weich."

Kapitel 8:
Noch mehr Selbstfindung
und immer noch keine Handlung

Wie es sich für ein einfallsloses Klischee gehört, wurden die Hogwutze zum Besenreiten rekrutiert. Die Lehrerin war eine gewisse Madam Huchje, die nach eigenen Angaben schon alles geflogen hatte, was fliegen konnte. Bei genauen Nachfragen drückte sie sich allerdings eher allgemein aus. Dafür knallte sie mit ihrer Peitsche, die bestens zu ihren Lackklamotten und hochhackigen Stiefel passte.
„Los, ihr kleinen Ferkel!", schrie sie. „Auf die Besen! Ihr bösen, bösen Kinder!" Dabei zischte ihre Peitsche über die Köpfe. Die Schlitzerins, die wie die Greifihndirs angetreten waren, wandten sich vor Vergnügen.
Als Larry den Besen zwischen seine Beine nahm, funkelten Madam Huchjes Augen gierig. „Eine Narbe", gurrte sie, als sie Larrys Stirn sah. „Du warst wohl sehr sehr böse!" Dabei leckte sie sich ihre Lippen.
„Äh, nein, Madam...", versuchte Larry sich zu verteidigen.

„Ah, du widersprichst", keuchte die Lehrerin. „Ich werde dich bestrafen! Oh ja, eine kleine private Bestrafung bei mir, heute abend!" Sie wedelte Larry mit dem Ende ihrer Peitsche durch das Gesicht.
„Nein, Sie verstehen nicht..."
„Noch mehr Widerspruch? Oh, du böser böser Bube! Vielleicht bestrafe ich dich gleich hier!"
„Bestrafen Sie lieber mich!", schrie Spacko Dellfeu - und zum ersten Mal war Larry froh, ihn zu hören.
„Ja, bestrafen Sie doch lieber ihn!", rief Larry.
Leider war das die falsche Antwort. Von so viel Widerspruch äußerst angeregt, presste sich Madame Huchje eng an Larry. Der sah seine einzige Möglichkeit, der „Bestrafung" zu entkommen, darin, seinen Besen zu greifen und sich der Magie anzuvertrauen, die sich hinter dem Knopf „vollautomatisches Startmanöver" verbarg. Sofort schoss er in den Himmel. Madam Huchje war jedoch hinter ihm her wie Pepe das Stinktier hinter einer Angebeteten. Es entspannte sich ein taktischer Luftkampf von höchster Güte. Larry schaffte es tatsächlich immer wieder, seiner Lehrerin zu entkommen.
Am Boden starrten die Hogwutz-Idioten mit Glotzaugen dem eigenartigen Liebesspiel nach. „Ich

habe ja schon mal von sexueller Belästigung gehört. Von Mobbing am Arbeitsplatz und so. Aber das hier ist einfach lächerlich!", musste sogar Termite Ranger zugeben.

Rum Beastley hingegen kicherte nur. „Wie üblich weißt du über sexuelle Belästigung nur durch Bücher Bescheid."

„Ich weiß auch über das Krankheitsbild eines Mikrophallus nur über Bücher Bescheid. Im Gegensatz zu dir." giftete Termite zurück. „Du hast offensichtlich das maßgebliche Werk darüber verfasst."

„Das sagt eine Tussi, die ihr Gesicht in einen Kantenschneider stecken könnte und dabei nur an Schönheit gewinnen würde!"

„Jedenfalls würde ich nur mein Gesicht in den Kantenschneider stecken. Du hast es offensichtlich auch schon mit anderen Dingen versucht."

Und während die Unterhaltung zwischen Rum und Termite das hohe Niveau einer Vorabend-Sitcom annimmt, wenden wir uns wieder den Luftmanövern zwischen Larry und Madam Huchje zu. Larry hatte nämlich geringfügige Schwierigkeiten. Sein Besen raste in einige Dornenhecken, krachte zweimal gegen eine massive Mauer, bohrte sich in den Boden, stieg wieder auf, bohrte sich erneut in den Boden und legte im Hogwutz-Burggraben hundert Meter unter der Wasseroberfläche zurück. Madame Huchje hatte inzwischen die Verfolgung aufgegeben. Schon mit den Augen war Larry kaum zu verfolgen, als er einige Fensterscheiben der großen Hogwutz-Halle durchschlug („Die letzten, die noch heil waren", stöhnte später Brumblemore) und mit Überschall in die Jauchegruben klatschte. Schließlich hielt Larrys Besen der Überbeanspruchung nicht mehr stand und zerlegte sich in tausend Einzelteile. Larry befand sich zu diesem Zeitpunkt in etwa dreitausend Metern Höhe. Er fiel allerdings weich in einen Haufen scharfkantiger verrosteter Eisenteile und verbogener Nägel.

Selbst bei den Schlitzerin-Leuten erweckte das Bedauern. „Wenn der so weiter macht, bringt er sich selbst um", bedauerte Dellfeu. „Und dann kommen wir um das Vergnügen, ihn bestialisch abzuschlachten."

Madame Huchje, die das alles beobachtet hatte, musste die Stunde abbrechen. Schließlich hatten die Schlitzerins ihr eine mit Diamantsplittern besetzte neunschwänzige Peitsche geschenkt. Sowieso gab es bald Mittagessen.

Aber noch jemand anderes hatte Larrys Flug gesehen. Allnerva McGonorrhöe, ausnahmsweise etwas weniger als sturzbesoffen, stand plötzlich vor dem Trümmerhaufen. Ihre geröteten Augen waren verklärt und ihr Gesicht drückte Freude aus.

„Oh, Larry", sagte sie zu dem Klumpen blutigen Fleisches, der sich langsam unter dem Schrott hervorarbeitete, „du wirst das Greifihndir-Team zu neuen Ehren führen."

Larry konnte nicht so viel verstehen, seine Ohren waren damit beschäftigt, voll Blut zu laufen.

„Bisher hat das Greifihndir-Team noch nie ein Quietschdich-Spiel gewonnen. Aber das wird sich ändern, denn du bist der perfekte Fänger. Und sobald du wieder bei Bewusstsein bist, werde ich dir auch erklären, was Quietschdich ist. Doch da du dich in akuter Lebensgefahr befindest, muss ich erst einmal wichtigere Dinge tun. Ich werde mir einen netten Drink mixen."

An dieser Stelle ist es wohl angebracht, eine Erfindung vorzustellen, die die Autorin für bahnbrechender hält als eingeschweißter Hundekuchen oder elektrische Rückenkratzer. Das Spiel „Quietschdich" hat seine Wurzeln im uralten und nutzlosen Spiel des Breitband-Halma. Es wird von einem Haufen Zauberer auf Besen gespielt, wobei aber auch bekiffte Hippies zugelassen sind. Ein ungefähr rundes Ding (Ball, Kugel, Kopf eines Kleinkindes, Müllcontainer, die Magna Carta oder ähnliches) wird in die Luft geworfen. Unter dem Gejohle des Publikums versuchen dann zwei Mannschaften, wie blöd auf das Ding oder die anderen Spieler einzudreschen. Gewonnen hat, wer eine kleine grüne Ereigniskarte zieht.

Die Regeln können aber auch nach Belieben abgeändert werden. Nach Geschmack kann man auch einige wohlproportionierte Blondinen im Schlamm gegeneinander kämpfen lassen.

Das macht ungefähr genau soviel Sinn.

Larry erwachte jedenfalls auf der medizinischen Station von Hogwutz. Ein kleiner buckliger Mann mit nur einem Auge war gerade damit beschäftigt, seinen Schädel aufzusägen und sein Gehirn mit einer Suppenkelle zu entfernen.

Als aber die diensthabende „Ärztin", Madame Pompeia, sah, dass ihr Schützling lebte, nahm sie dem Buckligen sein chirurgisches Präzisionsinstrument aus der Hand.

„Brav, Igor, brav. Wir können jetzt nicht operieren."

Zu seinem unendlichen Bedauern musste Igor wieder abtraben.

„Hallo Larry. Mein mächtiger Heilzauber Aspirin hat deine Verletzungen geheilt."

„Und warum fühle ich mich vom Panzer überrollt wie ein chinesischer Student?"

„Naja, wir dachten, du seiest ins Koma gefallen und damit rechtlich nicht mehr willensfähig. Da haben wir eine Niere und deine Leber verkauft. Aber dafür gibt es wunderbare Neuigkeiten!"

„Und welche? Habt ihr endlich Du-weißt-schon-was gefunden? Oder wenigstens herausgefunden, wer mich hier umbringen will?"

„Nein. Aber dafür hast du einen neuen Job als Fänger beim Greifihndir Quietschdich Team."

„Was macht ein Fänger?"

„Naja, er fängt alles ab, was das gegnerische Team oder übelwollende eigene Teamkameraden auf ihn abfeuern. Geschosse, Bomben, Giftpfeile, was so in Greifweite ist. Und sollte das Team verlieren, ist per Regelbeschluss immer der Fänger Schuld. Er wird dann rituell vom Publikum in Stücke gerissen, mit süß-saurer Soße übergossen und aufgegessen."

„Und wo ist die gute Neuigkeit?"

„Wir haben auf Hogwutz keine süß-sauere Soße mehr."

„Oh danke, ich fühle mich schon sehr viel ruhiger."

„Das ist nur, weil ich dir Morphium gespritzt habe. Wahrscheinlich wirst du süchtig."

Kapitel 9:
Schwachsinnige Fluggeräte und geistesgestörte Monster

Am nächsten Morgen flatterten wieder viele Eulen, Geier und Airbusse in das schöne Hogwutz ein. Larry war schon gewohnt, dass außer den obligatorischen Dingen keine wirkliche Post für ihn dabei war. Rum Beastley hatte Larry nämlich bei diversen Erotik-Agenturen angemeldet und so erhielt Larry jeden Morgen verschieden Hochglanz-Magazine zugesandt. („Wenn du sie nicht haben willst - ich nehme sie gern!", versicherte Rum) Aufgrund der wachsenden Anteilnahme des Hauses Schlitzerin war Larry ebenfalls Empfänger von Drohbriefen und einigen kleineren Bömbchen, die aber selten Schaden anrichteten.

Neu war also an diesem Morgen, dass Larry ein längliches, besenförmiges Paket von etwa zwei Metern Länge von einer Zauberbesenfirma auf den Tisch gelegt bekam. Die Aufschrift des Paketes war in goldenen Buchstaben gehalten: „HIRNBUSS 2000 GL ZAUBERBESEN" Larry wunderte sich sehr. Was könnte das Paket wohl enthalten? Rum Beastley lächelte ihm anerkennend zu. „Er hält es wohl für einen Riesenvibrator" dachte Larry.

Auf einem kleinen Zettel war folgende Nachricht gekritzelt: „Dieses Paket enthält nicht, wie der kleine Perversling Beastley glaubt, einen Riesenvibrator, sondern Deinen neuen Hirnbus 2000 Flugbesen. Er macht etwa 250 Spitze und schluckt eine Menge Flugbenzin. Öffne dieses besenartige Paket nicht bei Tisch, denn niemand soll wissen, was sich darin befindet. Für deine neue Karriere als Fänger bei Greifihndir wünsche ich alles Gute. Bitte unterschreibe aber vorher die Verzichtserklärungen und Haftungsausschlüsse. Du kannst Dir übrigens inzwischen aussuchen, ob im Falle eines Absturzes Deine Reste in ein Einmachglas oder einen Schuhkarton gesteckt werden sollen.

Allnerva McG.

P.S. Du solltest schon bei Deinem ersten Spiel haushoch siegen, sonst sorge ich persönlich dafür, dass Deine Reste in ein Einmachglas oder in einen Schuhkarton gesteckt werden."

Larry seufzte. „Wer glaubt eigentlich, die Schulzeit sei die schönste Zeit im Leben?"

Am Abend, während die anderen Hogwutz-Idioten ihren üblichen Hobbys nachgingen

(Dokumentenfälschung, Telefonbetrug usw.), traf sich Larry mit dem Greifihndir-Quietschdich-Team (GQT) im Quietschdich-Stadion. Dieses war eine typische Hogwutz-Installation, mit einer maroden Tribüne aus wurmstichigem Holz, einer gestohlenen Anzeigetafel und einem völlig verwilderten Rasen, den der unfähig Gärtner Haggis als „naturbelassen und ökologisch" bezeichnete.

Ähnlich „naturbelassen und ökologisch" könnte man auch die Mitglieder des GQT nennen. Der Kapitän war ein gewisser Oliver Dud, der sich rühmen konnte, sein Team von einem Waterloo zum anderen geführt zu haben. Der Rest des GQT, Kampfname „die Langstreckenversager", waren absolute Sportskanonen. Das heißt sie waren stark, dumm und zum großen Teil wasserdicht. Ihre Leistungen in allen Schulfächern - außer Sport - waren miserabel. Durch ihre Siege (so sie denn eintreten würden) würde die Schule aber berühmt werden. Und so sah man über die Unfähigkeit der Quietschdich-Spieler hinweg und gab ihnen, wie allen anderen Schülern, nach Ableistung der Pflichtschuljahre ihren Abschluss.

Fehlten also nur noch die Erfolge. Die würden, so zuversichtlich war man, durch Larry Otter eintreten.

„Also, Otter! Beginnen wir mit dem Training!", verkündete Dud.

„Und was genau ist deine Trainingsmethode?", fragte Larry.

„Du steigst auf und wir versuchen, dich abzuschießen."

„Mit Magie?"

„Nein, mit Lenkwaffen."

„Machst du Witze?"

„Ich will in den Profisport. Da weiß ich noch nicht einmal, wie Witz geschrieben wird."

Selbstverständlich wissen Profisportler auch nicht, wie jedes andere Wort geschrieben wird.

Und so gingen die Tage auf Hogwutz schnell vorbei. Larry übte jeden Abend heimlich und unerkannt auf dem Hogwutz-Quietschdich Platz. Das ständige Fernbleiben Larrys am Abend, die Explosionen und das Geschrei des GQT sowie die Tatsache, dass der ja völlig unbekannte Larry Otter einen Luxusbesen von der stellvertretenden Schulleiterin unter großem Trara geschenkt bekommen hatte, garantierten selbstverständlich die vollkommene Geheimhaltung.

Es weiß ja auch keiner, dass Bruce Wayne Batman ist.

Und so kommen wir in diesem Machwerk endlich einmal zu einer Winzigkeit an äußerer Handlung. (Machen Sie schon Strichlisten, wie oft dieser Hinweis kommt?) Es sei bereits an dieser Stelle angemerkt, dass keiner der Hogwutz-Schüler durch den von der Kette gelassenen Pauschaltouristen zu Schaden kommt.

Es war bei einem der typischen Hogwutz-Feste, die für die Schulleitung einen schwach bemäntelten Vorwand für den übermäßigen Konsum von Drogen und Alkohol darstellten. Larry hatte es sich mit seinem Kumpel Rum Beastley in der großen Hogwutz-Halle bequem gemacht. Das bedeutete nichts anderes, als dass die beiden mit ihren Gesichtern im Kartoffelsalat tauchten, versuchten, das Brathuhn als Zombie auferstehen zu lassen und ab und an ihre Essensreste Termite Ranger an den Kopf zu werfen.

Überhaupt hatte sich das Verhältnis zwischen Termite und Rum zum Besseren gewandelt. Es gab keinen Kalauer, der dem kleinen Beastley nicht zu billig gewesen wäre. Er hatte Termite schon bei der „anonymen Lesbengruppe" angemeldet, ihr mehrere Pakete von Spezialkondomen („Draculas

Fummelflutschis") zustellen lassen und dann auch noch dafür gesorgt, dass diese aus drei Meter Höhe über Termite abgeworfen wurden.

Aber mit fortschreitender Zeit war auch Rum zu höheren Weihen gelangt. Ein Brandsatz zündete mitten in der Nacht unter Termites Bett, ihr Zauberstab war plötzlich gegen eine giftige Viper ausgetauscht und in ihren Lieblingsslip hatte Rum Superkleber gegossen.

Wie gesagt, die beiden verstanden sich prächtig. Und so wunderten sich Larry und Rum sehr, als Termite urplötzlich beim Winterschlussverkauf in Tränen ausbrach und heulend aus dem Raum lief, bloß weil Rum die Bemerkung gemacht hatte, der Ayatollah Khomeini wäre auf einen Oberlippenbart wie den von Termite sehr stolz gewesen.

„Hat wohl gerade ihre Periode", bemerkte Rum trocken und türmte sich noch etwas von dem geriebenen Schmutz mit Kräuterstaub auf den Teller, den Brumblemore „Haute Cuisine" nannte.

Da kam auf einmal jener Lehrer mit der Keksdose auf dem Kopf herein, den wir schon einige Kapitel zuvor eingeführt haben. Er rief: „Hilfe! Hilfe! Ein Pauschaltourist ist los!" und brach vor den Füßen Brumblemores zusammen.

Der weise Professor und Leiter der Zauberschule verschluckte sich heftig an seiner Haschpfeife. Dem leblos vor ihm auf den Boden liegenden Kollegen gab er einen saftigen Tritt in die Weichteile.
„McGonorrhöe! Pauschaltourist los!"
Professor McGonorrhöe, die auf dem Ehrensitz, einem Ideal Standard Toilettendeckel, Platz genommen hatte, spuckte ihren Drink wieder aus.
„Pauschaltourist los auf Hogwutz! Hausleiter! Treibt eure Ratten in die Löcher! Wenn ihr alle ruhig und gelassen bleibt, hören wir an den Schreien der Sterbenden, wo sich die Gefahr befindet. Und jetzt alle raus hier, bevor noch Lehrer zu Schaden kommen. Und rettet gefälligst meinen Bacardi."
Natürlich tobten und schrieen alle Hogwutze in Panik. In dicken Trauben hingen die Schüler an den Türen und drückten sich gegenseitig tot.
„Mensch, Larry!", fiel Rum da ein. „Termite! Sie weiß nichts von der drohenden Gefahr!"
„Ja und?"
„Vielleicht versteckt sie sich irgendwo und wird dann nicht getötet."
„Das wäre wirklich schade", musste Larry zugeben.
Also rannten die beiden los. Instinktiv wusste Larry, wo er zu such hatte. Die Mädchentoilette hatte nicht

nur auf Rum eine faszinierende Anziehungskraft entwickelt. Doch plötzlich hörten die beiden Jungen schreckliche Geräusche. Ein kurzatmiges, fettes Etwas schien sich mit schlurfenden Schritten durch die Gänge zu schieben. Larry blieb stehen und lauschte. Tatsächlich konnte man jetzt Worte verstehen:

„Kriech ich hier kein deutschet Bier, wa? Kann dä Kellna nitt ma hierhin kommä?"

Und dann, in seiner ganzen Hässlichkeit, kam der Pauschaltourist um die Ecke. Es war wirklich ein verfettetes Ungetüm von etwa 1,70 Meter Größe. Er trug hässliche bunte Shorts, ein T-Shirt mit dem Aufdruck „Playa del Ingles" und ein gelbes Strandhütchen. Um den dicken Hals glitzerte ein billiges Kettchen aus Goldimitat. An seiner rechten Hand baumelte ein Fotoapparat, den er hinter sich herzog, während um den fetten Bauch ein Gurt mit einem Täschchen geschlungen war, das wohl ausländische Währung und den Hotelschlüssel enthielt.

Wirklich ein Anblick, der blankes Entsetzen verursachte.

„Neckermann!!", brüllte der Tourist und blieb grunzend stehen. Vielleicht verwechselte er den

Quietschdich-Trophäenschrank mit einem Souvenirladen.

Während Larry den Touristen beobachtete, hatte Rum die Mädchentoilette ausspioniert. „Alles klar", flüsterte Rum Larry zu, „Termite sitzt verzweifelt und gebrochen unter dem Waschbecken."

„Prima", antwortete Larry, „wie kriegen wir aber den Touristen zu ihr?"

Sekunden später stand der Pauschaltourist vor der Tür zur Mädchentoilette, auf der mit ungelenker Schrift „Deudsche Restaurant Wursthimmel 2" gekritzelt worden war.

Der Pauschaltourist leckte sich über die Lippen, griff sich zwischen die Beine und richtete sein Gemächt, dann drückte er die Klinke hinunter. Aber die Tür war verschlossen.

„Iss wia Semesta oder wie datt heißt? Isch hann Duesch!" Und mit einem gewaltigen Tritt hatte sich der Tourist in die Toilette Einlass verschafft.

Fast sofort hörte man ein entsetztes Quieken. Der Pauschaltourist hatte damit begonnen, unbeherrscht durch die Gegend zu urinieren. Dann sang er laut „We are the champions" und randalierte wild. Ein aus der Verankerung gerissenes Waschbecken wurde auf den Gang hinaus geschleudert. Larry und Rum blieb nur noch die Option, in Deckung zu gehen.

Die Show dauerte einige Minuten, bis sie plötzlich mit einem dumpfen Schlag zu Ende ging. Als Larry einen Blick wagte, sah er, dass der Pauschaltourist mit dem Kopf in der Toilette zusammen gebrochen war. Beim Versuch, aus dem Toilette zu trinken, war ihm wohl der Sitz auf den Hinterkopf geschlagen.

Unter den Trümmern sah Larry auch Termites unrasierte Beine zappeln. Die Streberin lebte also noch. Gemeinsam mit Rum zog er sie unter mehreren zerbrochenen Waschbecken hervor.

Und von da an wurden die drei dicke Freunde. Denn es gibt nicht viel, was Menschen so zusammen schweißt, als wenn man einen dicken Pauschaltouristen in eine Mädchentoilette treibt, er sich aus eigener Dummheit mit dem Klodeckel k.o. schlägt und man dann eine vorlaute Streberin aus den Trümmern zieht.

Das ist selbstverständlich völliger Quatsch.

Aber es brachte Rum zum Nachdenken. „Ich denke", sagte er, „statt Termite rund um die Uhr zu beleidigen, werde ich es jetzt nur noch 24 Stunden an einem Tag tun."

„Das ist jedenfalls schon mal ein großartiger Anfang", nickte Termite.

Als Professor McGonorrhöe, Brumblemore und die anderen Lehrer eintrafen, waren die natürlich viel zu betrunken, um irgendwelche Bemerkungen zu machen. Und im Grunde interessierte es sie sowieso nicht, ob irgendwelche der Hogwutze krepierten.

„Unser Gehalt wird pünktlich gezahlt. Mehr kratzt mich nicht.", verkündete McGonorrhöe.

Und Brumblemore lächelte weise. Wahrscheinlich, weil er nach dem Konsum von Opium seinen Urin nicht mehr halten konnte.

Kapitel 10:
Quietschdich ist nicht Calvinball - oder doch?

Es kam die Zeit des großen Quietschdich-Spiels gegen den sympathischen Identifikationsfiguren von Greifihndir und den miesen Drecksäcken von Schlitzerin. Im Vorfeld des Spieles hatte es einige kleinere Vorkommnisse gegeben, die Larry aber nicht recht hatte einordnen können. So hatte Professor Schnaps in einer Stunde erzählt, er werde den Knüppel-aus-dem-Sack zu stehlen versuchen. Dabei hatte er mehrere Feuerwerksraketen abgebrannt und sich ein T-Shirt mit der Aufschrift „Dieb" angezogen.

Doch Larry war viel zu sehr in den Vorbereitungsstress für das Spiel verwickelt, als dass er diesen subtilen Hinweisen wirkliche Aufmerksamkeit hätte widmen können und bald war es ihm auch wieder entfallen.

Statt dessen vertiefte er sich in das Buch „Quietschdich im Wandel der Zeit" und er lernte, dass es millionenschwere Werbeverträge für Quietschdich-Spieler gab, dass die Spieler von der Gegenseite mit Alkohol und Nutten versorgt wurden (in der Hoffnung, sie würden beim Anpfiff besoffen und erschöpft sein) und dass die Korruption unter den Quietschdich-Schiedsrichtern höher war als die im Parlament von Uganda. Die Regeln des Spiels waren da nur noch zweitrangig.

„Iss doch noch was", drängte Termite Larry beim Frühstück vor dem großen Spiel. „Ich verstehe überhaupt nicht, warum Du keinen Appetit hast, nur weil deine Karriere und dein Leben von diesem Spiel abhängen."

Larry würgte unschlüssig eines von „Brumblemores geheimnisvollen Würstchen" hinunter. Das Geheimnis bestand entweder darin, was das Würstchen enthielt, oder wie man es im Magen halten konnte, ohne es gleich wieder von sich zu geben.

„He Larry!", rief Oliver Dud, der Kapitän des GQT. „Wir müssen heute gewinnen, oder wir schlitzen dir den Bauch auf!"

Zustimmung kam auch von Prof. McGonorrhöe: „Wenn die Greifihndirs nicht haushoch gewinnen, werde ich dir die Schädeldecke absprengen und eine Flasche Phosphorsäure über dein Hirn auskippen!"

„Ich habe meine ganzen Ersparnisse auf Greifihndir gesetzt! Du gewinnst besser, oder ich stecke dir eine Rohrbombe in den Hintern!", Das war Rum Beastley.

Draußen, auf dem Quietschdich-Platz waren die ganzen Hogwutze in hellen Haufen angetreten. Da waren die Schüler mit ihren Roben, Totschlägern und Brandbomben. Die Lehrer in der Fankurve zeichneten sich bereits jetzt durch hohen Blutalkohol aus. Und in der anderen Kurve waren die Anhänger des dunklen Lords Vollidiot bereits angetreten: Grabunholde, Vampire, Bankkaufleute und Parkplatzwächter.

Dann betrat die Mannschaft des Schlitzerin-Hauses das Spielfeld. Ihre hübsche Uniform bestand aus einem geschmackvollem braunen Hemd und braunen Hosen mit schwarzen Stiefeln. Sie trugen außerdem kleine Käppchen mit Schirm, auf dem vorn ein Totenkopf abgebildet war. Am rechten Arm hatte jeder eine rote Binde mit einem weißen Kreis. Inmitten des Kreises aber war ein stilisiertes „V" zu sehen.

Etwas weniger schön war die Greifihndir-Mannschaft. Sie war in allerlei wunderliche Lumpen gekleidet und ging mit erhobenen Händen auf das Spielfeld.

Schiedsrichter dieser epochemachenden Begegnung war die ehrenwerte Madame Huchje, die sich die Gelegenheit nicht entgehen lassen wollte, stämmige junge Männer mit Besen zwischen den Beinen herumzukommandieren.

Larry sah noch die spontan improvisierten Plakate: „Otter für noch mehr Geld", „Otter siege - oder sonst!", „Der dunkle Lord will deine Knochen bleichen" und ähnliche aufmunternde Dinge, da wurde das Spiel auch schon von Madame Huchje mit einem Peitschenknall gestartet.

Und hier schalten wir uns in den Live-Kommentar ein, der von Bobby „Kool Moe" Limbo gesprochen wurde:

„Viel zu lang in Babylon, Mann. Greifihndir kommt von rechts ins Mittelfeld. Oh, wir müssen jetzt alle eisen sein, eisern wie der Löwe von Zion! Doch es nützt nichts, Mann. Da kommen die Schlitzerins und erringen mühelos die Führung. Gebt meinem Volk die Freiheit! Es lebe seine Majestät Heile Selassi."

Vielleicht ist der Kommentar doch nicht so gut. Jedenfalls verlief Larrys erstes Spiel zunächst relativ normal. Die Schlitzerin-Fans versuchten, ihn mit großkalibrigen Flinten abzuknallen, aber der Hirnbus 2000 Besen war so gut konstruiert, dass die Schüsse daneben gingen. Auf einmal aber reagierte der Besen wie eine Teenie-Boygroup, die ein Jahr alt geworden ist: er brach auseinander.

„Dunkle Magie!", rief Termite aus.

„Wahrlich, ein starker Zauber!", bestätigte Rum.

„Willste auch 'ne Tüte?", fragte Haggis.

„Larry ist in Schwierigkeiten", sagte Termite. „Wir müssen herausfinden, wer dafür verantwortlich ist."

„Und wie tun wir das?", fragte Rum.

„Suche nach jemanden, der absonderlich aussieht oder sich so benimmt oder beides."

„Termite, hier sind ungefähr fünfhundert Menschen versammelt, auf die diese Beschreibung zutrifft."

„Dann hauen wir Professor Schnaps eins auf die Mütze."

„Und warum gerade den?"

„Weil er bis zum überraschenden Ende der einzige Verdächtige ist, den wir haben."

„Na gut. Aber dann darf ich mal an Haggis' Tüte ziehen."

Und so prügelten sich Termite und Rum durch die Menge. Dabei rempelten sie - welch ein Zufall - Professor Quirl um, jenen bisher unbedeutenden Lehrer, der eine Keksdose auf seinen Kopf trug und diese auch prompt verlor. Höflich entschuldigte sich Rum und gab dem armen Mann die Keksdose zurück.

„Autsch" sagte die Keksdose.

„Verzeiht mir, dunkler Lord" entschuldigte sich Quirl und setzte die Dose wieder auf.

„Und benutze mal ein Shampoo!" beschwerte sich die Keksdose bei ihrem Träger.

Natürlich entging auch dieser dezente Hinweis über die Präsenz von Lord Vollidiot dem Beastley-Idioten völlig. Und der Leser mag sich über die wirklich geschickte Einführung von Nebenfiguren, die sich dann als Täter entpuppen, bei echten Kriminalschriftstellerinnen bedanken, aber bloß nicht der Verfasserin dieses Heulers.

Endlich hatte Termite Professor Schnaps erreicht, der mit einem Gesicht, als hätte er Schmierseife mit Terpentin zum Frühstück gehabt, ununterbrochen Flüche gegen Larry murmelte. „Verflixtverdammtermistdonnerwetterichtöteotterver recktdochschon" und so weiter.

Und da versuchte Termite ihren großen Zauber: „Diarrhöe Enteritis!"

Eine Sekunde später war Professor Schnaps zur Toilette unterwegs. Larry aber war gerettet, denn sein Besen reagierte wieder, jedenfalls halbwegs. Ein Schlitzerin-Stürmer konnte ihm gerade noch den Schläger über den Schädel ziehen, da hatte Larry auch schon den blechernen Schmatz gequaffelt, was nichts anderes bedeutet, als dass das Ding in seiner Schädeldecke steckte. Und weil die Punktzahl schon Oogla zu Donnerstag stand, ging der Sieg automatisch an Greifihndir.

Wie schon gesagt haben Magier einen Dachschaden.

„Es war Schnaps!", keuchte Termite. „Er hat Larry verflucht."

Haggis sah sie mit roten Augen und einem verwirrten Gesichtsausdruck an. „Das würde er niemals tun! Er ist ein Lehrer auf Hogwutz!"

Alle überzeugenden Argumente, die Termite vorbringen konnte, nutzen nichts. Sie berichtete Haggis alles, was sie bisher entdeckt hatten (gar nichts) und zeigte dem Wildhüter einen notariell beglaubigten Plan von Professor Schnaps zur Erringung der Weltherrschaft.

„Es nützt alles nichts, Termite", sagte Rum, „wir haben lediglich Argumente und stichhaltige Beweise. Das ist nichts gegen die selbstgerechte Dummheit der Autoritäten in dieser Schule."

Aber was ist denn schon die Bedrohung der gesamten Welt gegen einen Sieg im Quietschdich. Nachdem Larry das Bewusstsein wieder erlangt hatte, wurde er von seinen Teamgenossen und der ganzen Greifihndir-Bande gefeiert. Um Dellfeu, der eine Urinprobe Larrys forderte und gegen die Schiedsrichterin ein Verfahren wegen Befangenheit einleiten wollte, kümmerte sich keiner.

Und so begann die herrliche Vorweihnachtszeit auf Hogwutz. Überall in der riesigen Halle stellte man verkrüppelte Bäumchen mit einigen Lämpchen auf, sodass man sich in den leibhaftigen Waldschadensbericht versetzt sah. Der Chor der bekifften Zombies heulte „Morgen, Kinder, wird's was geben" wie ein erbärmlich dahinsiechendes Stück Vieh, dem der Schlachter mit dem Bolzenschussgerät eins in den Verdauungstrakt gegeben hatte. Brumblemore persönlich hatte es sich nicht nehmen lassen, die Hogwutz-Halle mit einem Transparent zu verzieren, das die Aufschrift trug: „Vrölitze Weihknakt fom Ferpand ter anoniemen Legasnicher".

Als der erste Schnee einsetzte und er auf magische Weise in die große Halle rieselte und so alles auf fröhliche und stimmungsvolle Art in ein wahres Winter-Wunderland verwandelt wurde, war es wirklich kein Wunder, dass die meisten der Hogwutze die Flucht nach Hause antraten. Larry blieb. Einerseits, weil der Gedanke an seine Mülltonne und die Morsleys wirklich nicht schön war, andererseits, weil ja die „Handlung" sonst noch mehr auf der Stelle treten würde.

Also wird es Zeit für jenen Abschnitt dieses Buches, bei dem sich eine gewisse Enid Blyton im Grabe umdrehen würde.

Zu den wenigen Schülern, die nicht Weihnachten zu Hause verbringen würden, gehörten Termite Ranger, Rum Beastley und Larry Otter. (Was für ein Zufall! Alle Hauptcharaktere.) Aus reiner Langeweile (und Kälte) hatte Termite beschlossen, etwas über das Geheimnis des „Knüppel aus dem Sack" herauszufinden. Sie erinnerte sich an die große, ehrenwürdige Hogwutz-Bibliothek mit ihren wenigen alten Zeitschriften und einem beim Hühnchengrill gestohlenen Sortiment an Ketchup-Tütchen. Immerhin verkümmerte in einer Ecke der Bibliothek ein alter 486er Computer, den Termite mit Hilfe eines Zaubers namens „Internet" zur Forschung verwenden wollte.

Rum und Larry kamen auch mit, sie waren aber ausschließlich an den Sex-Seiten interessiert.

„Wo sollen wir bloß suchen?", fragte Termite, als der Rechner endlich hochgefahren war. „Es gibt mehrere Millionen von Seiten im Internet mit Tausenden von

Terrabyte an Informationen. Ich meine, heute hat praktisch jeder eine eigene Homepage."

„Ich nicht", widersprach Rum Beastley.

„Korrektur: jeder, der was zählt, hat heute seine eigene Homepage."

Aber wie sich herausstellte, wollte eine mächtige schwarze Magie verhindern, dass die Wahrheit ans Tageslicht kommt. Entweder das, oder die Telekom hatte Hogwutz die Leitungen gesperrt, weil seit Monaten die Rechnung nicht bezahlt worden war.

Alles, was die drei herausfanden, war, wie man Atombomben baute, wer Kennedy erschossen hatte, wo das Bernsteinzimmer war und welche Farbe die Unterwäsche des Papstes hatte (blau). Aber nichts über den Knüppel aus dem Sack oder dem raffinierten System aus Fallen, das dieses magische Artefakt tief unten in den Gewölben von Hogwutz schützte.

„Ich habe es ja gesagt!" beschwerte sich Termite. „Das wirklich Wichtige findet man nicht im Internet."

„Jaja" murmelte Rum, der nur halb zuhörte, weil er gerade alle Bilder der „Busty Babe" Seite herunterlud.

Kapitel 11:
Der Spiegel von Anigav

Weihnachten war in Hogwutz eine Zeit voller Überraschungen. Das heißt es überraschte Larry immer wieder, was ein Mensch aushalten kann. Bei der Weihnachtsparty gaben sich die Lehrer völlig enthemmt. Wo da der Unterschied zu sonst war, konnte Larry nicht sofort feststellen.

Aber zum ersten Mal in seinem Leben wurde Larry auch beschenkt. Und er hätte gern drauf verzichtet.

So erhielt er von Termite einige wirklich wichtige und didaktisch wertvolle Fachbücher. Von den Beastleys einen Packen gebrauchter Pornos, deren Seiten sich etwas wellten („Handgenässt"). Und von einem Unbekannten eine Sonnenbrille.

Larry war drauf und dran, die Sonnenbrille zu den wirklich wichtigen und didaktisch wertvollen Fachbüchern in das Kaminfeuer zu werfen, als ihn Rum Beastley daran hinderte. „Das ist eine besondere Sonnenbrille", erklärte er. „Sie macht dich unsichtbar, wenn du sie aufsetzt."

„Wirkt sie durch Magie?"

„Nein, durch grenzenlose Dummheit. Sie ist völlig lichtundurchlässig und so kannst du niemanden sehen. Und wenn du keinen sehen kannst, kann dich auch keiner sehen. Quod erat demonstrandum."

Bei der Sonnenbrille fand Larry auch einen Zettel: „Diese Brille gehörte schon deinem Vater. Und ihm hat sie auch nichts genützt. Gezeichnet: Professor Dummfuß Brumblemore."

„Das ist eigenartig", wunderte er sich, „wer mag mir wohl diese Brille geschickt haben?"

„Vermutlich Professor Brumblemore."

„Woher weißt du das?"

„Er hat unterschrieben."

„Ach so."

Rum seufzte. „Schade, dass es keine Röntgenbrille ist. Die könnten wir wirklich gebrauchen."

„Aber denk' doch mal! Ganz Hogwutz steht uns mit dieser Brille offen."

„Hogwutz steht auch so offen."

„Ach ja, hatte ich vergessen. Na gut, dann sehe ich eben cool aus, wenn ich sie trage."

Larry setzte die Brille auf und tatsächlich - er sah nichts mehr. „Na, Rum, sehe ich jetzt cool aus, oder was?"

„Weiß ich nicht, du sprichst mit der Kommode."

In der Tat hatte Larry aber schon einen Plan gefasst, was er mit diesem Ding anfangen würde, dass ihm so unauffällig zugespielt worden war. Seitdem sie im Internet nichts über den Knüppel aus dem Sack herausgefunden hatten, hatten sie sich über die Bibliothek von Hogwutz hergemacht. Aber leider war dort auch nichts zu finden. Jedenfalls nicht in „Playmates des Jahrhunderts", „Peinliche Momente der Zauberei", „Merlin treibt's auf Camelot" und „Fragen Sie Herrn Elrond".

Da kam eine Brille, mit der man für andere unsichtbar war, genau richtig. Larry wusste genau, was er damit anfangen würde.

In der Nacht würde er sich in die Schlafräume der Mädchen schleichen und sie beim Umziehen beobachten.

Als sich die Dunkelheit über Hogwutz senkte, setzte Larry sich die Brille auf und polterte aus seinem Bett. Mit Mühe fand er die Wand, stolperte dort entlang und kam schließlich zur Tür, die er nach einigem Probieren öffnen konnte.

„Oh Mann", stöhnte Rum in seinem Bett, „man kann dich vielleicht nicht sehen, aber der Golfkrieg hat weniger Krach verursacht als du."

Larry achtete nicht auf ihn. Er stolperte die Gänge entlang, die in völliger Dunkelheit lagen. Er begegnete niemanden. Nur einigen Geistern, die ihn nett grüßten und zwei oder drei Lehrern, die völlig besoffen durch die Gegend taumelten.

Endlich gelangte er in einen größeren Raum, den er noch nie betreten hatte. Larry konnte das mühelos am Geruch von Mottenkugeln und ranziger Milch erkennen. Normalerweise rochen die Räume auf Hogwutz nach Urin und Koboldkot.

Er nahm die Brille ab und erkannte, dass er in einem alten, völlig verdreckten Klassenraum stand. Die Stühle und Tische waren unordentlich durcheinander gewirbelt, die Tafel mit obszönen Wörtern beschmiert und die verwesenden Leichen von einigen Schülern lagen in der Ecke.

Es war also nichts besonderes an diesem Klassenraum. Bis auf die Tatsache, dass in einer Ecke ein riesiger Spiegel stand, der bis an die Decke reichte und eine Inschrift trug:

„Anigav neg ilieher dnov tetfitse geisat naf nets giztumh csren ieduz nem mokl liw"

Larry stellte sich direkt vor den Spiegel und sah hinein. Er musste seine Hände vor den Mund halten, um sich am Erbrechen zu hindern. Dann drehte er sich schnell herum, aber der Raum blieb leer. Vorsichtig drehte Larry sich wieder zum Spiegel und sah erneut hinein. Wieder sah er das scheußliche Bild und wieder wirbelte er herum. Aber im Raum war niemand.

Langsam drehte sich Larry wieder zum Spiegel. Und da sah er, ganz deutlich, Professor Brumblemore. Nur, dass er splitternackt war, bis auf einen albernen Strohhut. Und der Professor schnitt sich seine Fußnägel mit einer Papierschere. Die Nägel flogen durch die Gegend. Dann popelte sich Brumblemore mit wachsender Begeisterung in der Nase und erforschte den Geschmack seiner Popel. Schließlich erinnerte sich der Professor, wo er seinen Zauberstab gelassen hatte. Aber das wollte Larry nicht mehr sehen.

Schreiend rannte er aus dem Raum, lief Professor Schnaps über den Haufen, der sich wie üblich verdächtig machte („Muss Menschheit vernichten") und kam schließlich keuchend und verschwitzt im Greifihndir-Schlafraum an, wo ihn Rum schon begierig erwartete.

„Wow, war es so gut? Hast du die kleine Patrizia von Puffelmuff gesehen? Ich meine die mit den roten Haaren, die in Kartentricks eine Reihe vor uns sitzt?"

„Nein, nein! Brumblemore!"

„Er war auch im Mädchen-Schlafraum?"

„Nein, er war nackt."

„Jetzt machst du mich neugierig."

Es blieb Larry nichts anderes übrig, als Rum hinter sich her durch die dunklen Gänge von Hogwutz zu ziehen. Es war ein wenig schwierig, die Sonnenbrille mit zwei Mann zu tragen, aber indem sie sich abwechselten, klappte es dennoch. Zwar begegnete ihnen erneut Professor Schnaps und der hinterhältige Hausmeister Filz, doch noch rechtzeitig konnten Larry und Rum ihre Augen fest zumachen und sich hinter einem Kehrblech in Sicherheit bringen.

Schließlich standen die beiden vor dem Spiegel von Anigav. Larry brachte nicht den Mut auf, noch einmal hinein zu sehen.

„Ein Spiegel?!", rief Rum aus. „Ich dachte, ich sehe ein Haufen splitternackter Weiber und statt dessen führst du mich zu einem ollen Spiegel?"

„Es ist nicht einfach ein oller Spiegel! Ich habe hineingesehen und... da war Brumblemore. Er schnitt sich die Zehennägel. Es war furchtbar."

Rum war weniger zart besaitet. Er sah direkt in den Spiegel.

„Uääh", machte Rum, als er in den Spiegel sah.

„Es ist widerlich, nicht wahr?", fragte Larry.

„Und wie. Ich hätte nie gedacht, dass ich so etwas Scheußliches jemals sehen würde. Dieser Spiegel hat wirklich Geschichte gemacht. Er hat mir zum ersten Mal ein nacktes Mädchen gezeigt, dass mich dazu bewegt, meine Lizenz als Hobbyspanner zurückzugeben."

Larry war verwirrt. Nacktes Mädchen? Jetzt sah auch er in den Spiegel und - da war ausgerechnet Termite Ranger, splitternackt und flach wie ein Brett. Und in der Hand hielt sie eines von Rums „Geschenken", nämlich den Riesendildo „Emanzenfreund". Und bevor Larry wegsehen konnte, benutzte sie ihn auch.

Die beiden Jungen erbrachen sich geräuschvoll auf den Boden. Als sie wieder in der Lage waren zu laufen, traten sie schleunigst die Flucht an.

„Was zeigt dieser Spiegel?", fragte Larry atemlos, als sie endlich wieder in der Sicherheit der Greifihndir-Räume waren.

„Entweder die Zukunft, die Vergangenheit oder das Plusquamperfekt" stöhnte Rum, der den Schock immer noch nicht verwunden hatte. „Jedenfalls hat dieser Anblick den seidenen Faden durchschnitten, an dem meine Sexualität hing."

„Ja, so ist es mir auch ergangen", antwortete Professor Brumblemore, der, nackt und mit einem albernen Strohhütchen bekleidet, auf dem Bett von

Larry saß und sich seine krummen gelben Zehennägel schnitt.

„Uäää", rief Larry und unterdrückte nur mit Mühe einen Brechreiz.

„Es ist eigenartig, wie die Unsichtbarkeit einen Menschen kurzsichtig machen kann", philosophierte der Professor.

„Aber wir sind doch gar nicht unsichtbar", sagte Larry.

„Ich sprach von mir. Dieser Strohhut macht Personen unsichtbar, allerdings nicht ihre Kleidung. Daher bin ich nackt, aber das seht ihr ja glücklicherweise nicht."

„Äh, Professor..."

„Ja?"

„Ich glaube, wir müssen ihnen da etwas sagen..."

Kapitel 12:
Hört das denn nie auf?

Brumblemore hatte Larry überzeugt, dass es nicht gut wäre, den Spiegel von Anigav noch einmal aufzusuchen. Larry hatte erleichtert zugestimmt und das Bett, auf dem der nackte Brumblemore gesessen hatte, mit einem Flammenwerfer gereinigt. Trotzdem konnte er kaum vergessen, was er gesehen hatte.

„Brumblemore hatte Recht, als er sagte, der Spiegel könne jemand in den Wahnsinn treiben", dozierte Rum.

„Wann hat er das gesagt?", wunderte sich Larry.

Termite, die einen Tag vor Schulbeginn von ihren Eltern mit einer Kneifzange vor der Tür von Hogwutz abgesetzt worden war, hatte ganz andere Ansichten. Sie tadelte die beiden Jungen, nachts unterwegs gewesen zu sein, nichts über den Knüppel aus dem Sack herausgefunden zu haben und dementierte entschieden, jemals den „Emanzenfreund" auch nur ausgepackt zu haben.

„Und jetzt entschuldigt mich, ich muss dringend Batterien kaufen."

„Sechs Monozellen", sagte Rum leichthin.

„Ich weiß."

Dann fing das Schuljahr wieder an und damit auch die üblichen schwachsinnigen Hogwutz-Aktivitäten. Quietschdich-Training zum Beispiel. Nach der peinlichen Niederlage, die Schlitzerin beim letzten Mal erlitten hatte, war es nur natürlich, dass sich diese hinterhältige und verschlagene Verbindung einen Racheplan ausdenken würde, der an Komplexität und Subtilität wohl kaum zu überbieten sein dürfte. Allein herauszufinden, was die Schlitzerins vorhatten, war schier unmöglich.

„Der Vorsitzende des Hauses Schlitzerin, Professor Schnaps, wird das Quietschdich-Spiel zwischen Greifihndir und Schlitzerin als Schiedsrichter leiten", verkündete Kapitän Dud gleich bei der ersten Trainingsstunde.

„Aber ich bin sicher, dass sich das nicht auf unser Spiel auswirken wird. Er will ja lediglich Larry umbringen und in Streifen geschnitten auf einen Salat garniert den wilden Bestien im verbotenen Wald vorwerfen."

Larry fühlte sich schon viel besser.

Termite versuchte, den wie einen sabbernden Lappen in einer Ecke zusammen gesunkenen Larry etwas aufzumuntern. „Sicherlich wird er gerecht und unparteiisch sein. Er ist doch ein Lehrer."

„Hast du eigentlich jemals daran gedacht, für die Partei der Bibeltreuen Christen zu kandidieren?", fragte Rum sarkastisch.

Larry richtete sich auf und nahm all seinen Mut zusammen. „Ich muss einfach spielen! Greifihndir hat keinen Reservespieler. Ich bin es dem Team schuldig."

Alle sahen Larry zweifelnd an.

„Na gut, ich gebe es zu. Wenn ich nicht spiele, tritt die Handlung auf der Stelle."

Alle sahen Larry zweifelnd an.

„Ich meine: noch mehr als jetzt schon."

Alle nickten zustimmend. Termite kam da ein Gedanke. „Warte mal, Larry. Ich habe hier irgendwo noch einen Verbandkasten..." Sie grub in ihren Sachen und förderte ein dunkelblaues Plastikding hervor.

„Es ist ja nett, dass du mir helfen willst, Termite, aber ich glaube, Hogwutz hat eine fabelhafte Krankenstation, wo..."

„Aber nicht doch", lachte Termite, „wenn Professor Schnaps mit Dir fertig ist, kann die Krankenstation gar nichts mehr für dich tun. Ich will hier nur deine Reste reintun."

Termite öffnete die Schachtel und eine Informationsbroschüre segelte heraus. Mit einem überraschten Aufschrei hob sie sie auf und schwenkte sie triumphierend herum.

„Ich habe die langgesuchten Informationen über den Knüppel aus dem Sack gefunden! Hier ist eine ganze Broschüre inklusive Zeichnungen und Hintergrundmaterial und einer CD-Rom!"

Rum kratzte sich den Kopf. „Ist das nicht eine ziemlich billige Sache der Autorin, den Hauptpersonen einfach so die Lösung zufallen zu lassen?"

Larry zuckte mit den Schultern. „Immer noch besser, als hätten wir es durch einen ungeschickt konstruierten Zufall auf einem Sammelbildchen gefunden."

Gemeinsam lasen sie die Broschüre. Und das war der Inhalt:

Der Knüppel aus dem Sack
Heilt alle Krankheiten, macht unsterblich und allmächtig, erfüllt alle Wünsche, bringt ewige Jugend, macht Windows absturzsicher, löst sämtliche Probleme der Welt und pflegt die Hände schon beim

Spülen. Kosten: 50 Pfennig. Nebenwirkungen: macht reich und berühmt.
Entwickelt von Superklischee Hokuspokus, den stolzen Hoflieferanten einfallsloser Autorinnen seit die Nebel über Avalon zogen.

„Kein Wunder, dass Vollidiot hinter dem Ding her ist" sagte Termite. „Es ist wirklich die billigste denkbare magische Sache, die man erfinden kann."
„Wie kommst du denn auf Vollidiot? Ich denke, es geht hier um Professor Schnaps!" versetzte Rum.
„Wir werden doch nicht die Rahmenhandlung verschenken, oder? Apropos Rahmenhandlung: Larry, wenn du nach dem Quietschdich-Spiel tot bist, kann ich deinen Besen haben?"
Von diesem Tag an meinte Larry, Schnaps wäre hinter ihm persönlich her. Der Lehrer schien überall dort zu sein, wo sich auch Larry aufhielt. So übernahm Schnaps sämtlichen Unterricht, den Larry belegt hatte, war beim Quietschdich-Training anwesend, lag nachts unter Larrys Bett und benutzte stets das Pinkelbecken neben dem jungen Zauberer.
Und dann kam das befürchtete Quietschdich-Spiel. Tapfer presste Larry seinen Hirnbus 2000 Besen an sich und trat auf das Spielfeld. Fünf Scharfschützen

des dunklen Lord legten auf ihn an, drei fanatische Selbstmord-Attentäter schrieen „Für Vollidiot" und stürzten sich mit Sprengstoff vollgepackt auf ihn, ein Monster aus der Tiefe des Weltalls verschlang sie alle und es regnete heißes Blut.

Aber sonst war alles normal.

„Wir können völlig beruhigt sein", flüsterte Termite Larry zu.

„Wieso? Bricht gleich ein Atomkrieg aus und Du-weißt-schon-was verliert das Interesse an mir? Oder wo genau siehst du einen Grund, um beruhigt zu sein?"

„Brumblemore ist da! Er wird dich beschützen!"

Larry sah zur Ehrentribüne herüber. Dort war ein prächtiger Sitz aufgestellt, den man mit dem Wappen von Hogwutz geschmückt hatte. Vor dem Sitz hockte sabbernd Professor Brumblemore und sang die Hymne des untergegangenen Sowjetreiches, während er die Farbe vom prächtigen Sitz der Ehrentribüne ableckte.

„Bei einem solchen Schutz kann mir wirklich nichts mehr passieren", dachte Larry. Und da stieß ihn seine Mannschaft auch schon auf das Spielfeld.

Das Spiel war schnell und brutal. Schlitzerin griff aus dem Mittelfeld mit einer überraschenden

Panzerattacke an. Die Greifihndirs wurden völlig überrascht und zogen sich zurück. In der Fankurve der Schlitzerins wurden bereits Transparente enthüllt, die die Machtübernahme des dunklen Lords feierten.
Aber noch war es nicht so weit. Wohl wissend, dass das gegnerische Team eigentlich nur hinter Larry her war, warf man Schlitzerin den zitternden Zauberschüler zum Fraß vor. Larry schrie vor Angst auf und verschluckte den blechernen Schmatz.
„Sieg für Greifihndir!", jubelte das Publikum.
„Ich bekomme keine Luft mehr!", japste Larry.
„Auferstanden aus Ruinen!", lallte Brumblemore.
Professor Schnaps aber zog sich grollend zurück, nachdem er sich überzeugt hatte, dass Larry noch lebte. Durch einen geschickten Luftröhrenschnitt hatte Madame Pompeia, die „Ärztin" von Hogwutz, den goldenen Schmatz aus Larrys Hals geholt.

Kapitel 13:
Herbert, der überzüchtete Drache

Die drei Freunde beschlossen, Schnaps stärker als bisher zu überwachen. Einen Augenblick lang überlegten sie sich, einen Hund zu kaufen und dieses Buch in „Geheimnis um einen bösen Zauberer" umzubenennen, aber diesmal waren die Anwälte von Enid Blyton doch schneller und verboten ein derartig offensichtliches Plagiat. (Nicht so schnell waren übrigens die Anwälte von Jane Austen, Charles Dickens, C. S. Lewis und einer Kohorte anderer englischer Schriftsteller.)

Also warteten Rum, Larry und Termite darauf, dass Professor Schnaps sich verdächtig machen würde. Aber Professor Schnaps tat nichts Verdächtiges. Er baute etwas Heroin an, traf sich mit einigen Top-Terroristen, wusch Schwarzgeld, stürzte die Regierung in einem Bananenstaat und bedrohte den armen Professor Quirl. Termite schöpfte ein wenig Verdacht, als sie hörte, dass Schnaps auf der Keksdose, die Quirl auf dem Kopf trug, herumgetrommelt und aus dieser Dose eine tiefe Stimme mit dem Untergang des Abendlandes gedroht hatte. Aber wir wollen die Handlung doch noch ein wenig in die Länge ziehen.

Termite hatte sich inzwischen wieder der Schule gewidmet. Es ist ja völlig einzusehen, dass aufgrund einer Bedrohung für die gesamte bekannte Welt der normale Schulbetrieb weiterläuft. Und dass dies selbstverständlich an genau dem Ort geschieht, an dem der zu erwartende Schlagabtausch stattfinden würde.

Termite jedenfalls lernte für die Abschlussprüfungen und Rum fotografierte die Lehrer in kompromittierenden Situationen, um nicht für die Abschlussprüfungen lernen zu müssen. Oft traf man sich also in der Bücherei. Dort fand Termite ihre Lernmaterialien, Rum die Lehrerausgaben mit den Lösungen und Larry Schutz vor den Anschlägen der Schlitzerins.

Eines schönen Tages war auch Haggis in der Bücherei. Er starrte auf ein Regal mit Büchern wie eine Milchkuh auf einen heranrasenden Transrapid.

„Nanu, Haggis, du interessierst dich für Raymond Queneau?", fragte Larry erstaunt.

Haggis sabberte ein wenig auf seine Schuhe und grunzte.

„Oder doch eher für die Kritik der reinen Urteilskraft von Kant?"

Haggis sabberte ein wenig auf seine Schuhe und grunzte.

„Den Zustand kenne ich schon", informierte Larry leichthin, „lasst mich das mal machen!" Und zu Haggis gewand fuhr er fort: „Ist es ein Tier oder ein Mineral?"

Haggis nickte. „Groß. Kann Feuer spucken."

„Also ein Drache. Wir lassen offensichtlich wirklich nicht ein einziges Klischee aus. Hier bitte, Haggis!"

Und Larry drückte dem bedröhnten Riesen das Buch „Drachen - Aufzucht, Pflege und Zubereitung" in die Hand.

„Wenn du von dem Trip runter bist, kommen wir dich mal besuchen, ja?", fragte er. Haggis nickte und rückte zufrieden ab.

„Bist du verrückt?!", heulte Termite auf. „Drachen sind illegal! Es ist verboten, sie zu besitzen und aufzuziehen!"

„Und warum? Sind wir Magier oder nicht?"

„Du solltest doch schon längst gemerkt haben, dass das Konzept der Autorin nicht das eines liberalen Denksystems ist, sondern eher das einer kleinbürgerlich-spießigen Verbotsgesellschaft, die den Entwurf einer mängelbehafteten Gegenwelt in Form der Buggels benötigt."

Rum nickte voller Verständnis. „Ich bin durchaus der Meinung, dass Weiber nichts in der Politik oder der Universität zu suchen haben."

Zwei Stunden später war Haggis wieder halbwegs bei Sinnen. Das will zwar nichts heißen, aber immerhin war er nun zugänglich für den raffinierten Plan der Zauberlehrlinge, etwas mehr über den Knüppel aus dem Sack zu erfahren. Und natürlich auch über das System trickreicher Fallen, das dieses mächtige magische Artefakt schützte.

„Haggis", fing Rum an, „wir wollen etwas mehr über den Knüppel aus dem Sack erfahren und natürlich auch über das System trickreicher Fallen, das dieses magische Artefakt schützt."

Haggis war gerade damit beschäftigt, einen Flammenwerfer liebevoll auf ein schwarzes Ei zu richten.

„Woher wisst ihr überhaupt etwas über den Knüppel aus dem Sack?"

„Du hast uns selbst davon erzählt."

„Wann?"

„Zum Beispiel in Grinkotz! Du hast es laut durch die Gegend gebrüllt!", bemerkte Larry.

„Ach so. Also: wir haben ihn in den tiefen Gewölben von Hogwutz versteckt."

„Das ist doch wohl nicht alles?"

„Nein, natürlich nicht. Wir haben eine Falltür darüber angebracht und diese mit einem handelsüblichen Fahrradschloss gesichert."

„Wie bitte?!"

„Keine Angst, es hat vier Kombinationsringe."

„Oh, da bin ich aber beruhigt. Das Schicksal der Welt hängt also von einem stinknormalen Fahrradschloss ab?"

„Im Prinzip ja. Weiß einer von euch, wie man die Standardkombination ändert? Sie lautet immer noch 9999."

„Aber außer dir kennt doch niemand die Kombination?"

„Selbstverständlich. Außer Brumblemore."

Haggis feuerte das schwarze Ei ein wenig an. Eine gleißende Stichflamme stieg den Kamin der Hütte hoch und erhellte den Himmel.

„Ach so, Professor Schnaps hat mich nach der Kombination gefragt. Und neun schwarze Reiter. Und einigen nackten Elfen habe ich sie wohl auch gesagt."

„Aber im Fernsehen hast du sie nicht durchgegeben?"

„Nur in den öffentlich-rechtlichen Sendern, die sieht doch sowieso niemand."

Larry beschloss, das Thema zu wechseln. „Woher hast du eigentlich das Drachenei?"

„Das habe ich von einem völlig unverdächtigen Fremden bekommen. Er trug einen Trenchcoat, Sonnenbrille und eine Keksdose auf dem Kopf, die ihm Anweisungen gab. Er sagte, sein Name sei Bös E. Wicht und er sei überhaupt nicht an der Kombination interessiert, die den Knüppel aus dem Sack schützt."

In diesem Augenblick regte sich etwas in dem Ei. Es hüpfte herum, bekam Risse und brach schließlich auseinander. Heraus kroch ein dunkelbraunes Etwas, das einem alten explodierten Auspufftopf nicht ganz unähnlich sah. Mit einem markerschütterndem Kreischen stürzte sich der junge Drache ins Feuer. Haggis fischte ihn liebevoll mit einer Feuerzange heraus.

„Wie süß! Ich nenne ihn Herbert."

„Woher weißt du, dass es sich bei diesem Tier um ein Männchen handelt?"

„Das ist doch egal, solange es nur gesund ist und alle vier Beine hat."

„Der Drache hat aber nur drei", bemerkte Termite.

„Dafür hat er ein Auge mehr", sagte Larry.

„Und die Flügel bleiben doch wohl nicht so verkrüppelt, oder?", fragte Rum.

„Er ist eben ein wenig überzüchtet, na und?", meckerte Haggis.

Inzwischen hatte Herbert, der ein wenig überzüchtete Drache, angefangen, ziemlich ungeschickt durch Haggis Hütte zu laufen. Da er seine Glieder nicht koordinieren konnte und auch über seine Schließmuskeln keinerlei Gewalt zu besitzen schien, war die Inneneinrichtung bald in ein brennendes, stinkendes Chaos verwandelt.

Also eine bedeutende Verbesserung gegenüber dem ursprünglichen Zustand.

„Wie schnell wachsen überzüchtete Drachen eigentlich?", fragte Termite.

„Gibt es eigentlich Drachenwindeln?"

„Was wohl Spacko Delfeu da draußen will?", wunderte sich Larry.

Erschreckt sahen alle vier zum Fenster hin. Dort stand Delfeu mit einer hochauflösenden Digitalkamera, mehreren Reporterteams der führenden Nachrichtensender und drei Notaren, die für die amtliche Beglaubigung der Bilder sorgen sollten. Für einige Sekunden war Haggis Hütte in ein wahres Blitzlichtgewitter getaucht, dann trat Delfeu mit seinem Hofstaat die Flucht an.

„Ich frage mich, ob er etwas gemerkt hat", wunderte sich Haggis.

„Weißt du, Haggis, du hast zehnmal mehr Hirn als dieser überzüchtete Drache, der dir gerade dein Klo auffrisst."

„Oh, danke sehr."

Nur Termite war klug genug, die Aufgabe zehn mal null zu ihrem mathematischen Ende zu führen.

Selbstverständlich hatte Spacko alles gesehen. Warum er nicht sofort etwas unternahm, beispielsweise seinen geliebten Professor Schnaps zu alarmieren oder seinen Vater im Magieministerium, das bleibt das Geheimnis der Autorin. Jedenfalls wäre dann alles sehr schnell vorbei gewesen. Aber vielleicht lag es ja auch daran, dass Herbert sehr gut versteckt war. Nachts war der Himmel über Hogwutz nur sehr wenig in bläulichem Feuer getaucht und niemand fiel auf, dass Haggis seine Pflichten sträflich vernachlässigte.

Welche Pflichten auch immer ein unterbelichtetes Riesentoastbrot hat.

Jedenfalls versuchten Larry und seine Freunde alles, um Haggis zu überreden, Herbert loszuwerden. Das war nicht ganz einfach, weil Haggis den halbblinden, bewegungseingeschränkten und ständig unter sich machenden Drachen in sein Herz geschlossen hatte.

An einem der folgenden Tage versuchte Herbert, Rum den Arm abzureißen und den Zauberschüler an einem Stück zu verschlingen.

Ein Beweis, dass der Drache nicht vollkommen verrückt war.

Schließlich konnte auch Haggis nicht mehr wegsehen. Herbert fraß alles, was in seine Nähe kam. Einrichtungsgegenstände, den Boden, seinen eigenen Schwanz. Anschließend brach er geräuschvoll alles wieder aus. Selbst für Haggis wurde diese Situation unhaltbar.

Man einigte sich schließlich darauf, Herbert mitten in der Nacht vom höchsten Hogwutz-Turm in die Freiheit zu entlassen. Entweder das oder man würde die Müllabfuhr verständigen.

Die Aktion „Drache ohne Grenzen" sollte in einer sternenklaren Nacht und unter strengster Geheimhaltung stattfinden. Herbert wurden die

Flügel gefesselt und dann wurde er in ein zwei Meter langes Abflussrohr gesteckt, damit er leichter zu transportieren war.

Larry, Termite und Rum nahmen das Rohr auf die Schultern und trabten ab. Niemand in Hogwutz schöpfte Verdacht, als die drei Schüler mit einem dampfenden Abflussrohr durch die Hallen liefen. Für Hogwutz war das sogar noch sehr normal.

Nach einem anstrengenden Aufstieg stand man endlich auf dem höchsten der Hogwutz-Türme, auf dem niemand anderer als Brumblemore persönlich verschiedene Satelliten-Schüsseln angebracht hatte, um Pay-TV aus aller Herren Länder mit geknackten Sicherheitscodes sehen zu können.

„Also gut, dann wollen wir mal!", rief Larry und hob sein Ende des Rohrs an.

Termite und Rum halfen nach - und so konnte Herbert ganz bequem aus dem Rohr herausrutschen, über die Brüstung gleiten und wie ein Stein die sechzig oder siebzig Meter in die Tiefe stürzen und mit einem dumpfen Plumps unten aufschlagen.

„Ups", meinte Rum.

„Vielleicht hätten wir ihm doch die Flügel wieder losbinden sollen", vermutete Larry.

„Jedenfalls ist er weich gefallen. Da unten ist doch der Hogwutz-Burggraben."

„Der führt in den Wintermonaten kein Wasser, ihr Dummköpfe!", informierte Termite.

„So ist er wenigstens weich in den Matsch gefallen."

„Der Burggraben ist voll mit spitzen Steinen."

„Drachen haben eine harte Haut."

In diesem Augenblick raste ein heller Punkt aus dem Himmel heran und schlug mit einem Krach in den Hogwutz-Burggraben ein. Offensichtlich war das ein Rest der alten sowjetischen Raumstation „Mir".

Termite schüttelte den Kopf. „Überzüchteter Drache erschlagen von einem Stück Weltraumschrott. Was man den Leuten alles unterjubeln kann, ist erstaunlich."

Als sich die Kinder zum Gehen wenden wollten, bemerkten sie plötzlich, dass sie nicht allein waren. Schäumend vor Wut stand Professor McGonorrhöe in der Tür. Sie hielt Spacko Delfeu an einem Ohr fest.

„Wir können das erklären...", setzte Larry an.

„Das mit dem Drachen!", vervollständigte Termite.

„Wer interessiert sich für einen Drachen!", tobte Professor McGonorrhöe. „Ihr steht vor den Satellitenschüsseln und unterbrecht seit einer halben

Stunden den Empfang für alle Lehrer! Fünfzig Länderpunkte Abzug für Greifihndir."

Es hätte nicht schlimmer sein können. Filz, der profilneurotische Hausmeister, schleppte die vier Schüler in das Beschimpfungszimmer, wo ihnen Professor McGonorrhöe als Machtbeweis weitere siebzig Gummipunkte abzog. Pro Nase.

Selbst die plumpen Einschleimversuche von Delfeu, der beteuerte als negative Nebenperson gar nicht im diesem Kapitel aktiv gewesen zu sein, wies McGonorrhöe entrüstet zurück. Den ihr angebotenen Bacardi nahm sie.

Kapitel 14:
Ein noch nie da gewesener Handlungsort

Professor McGonorrhöe hatte ziemlich getobt. (Sie war nüchtern gewesen.) Als Strafe hatte sie sich ausgedacht, Rum, Termite, Spacko und natürlich Larry in den verbotenen Wald zu schicken, wo sie Haggis dabei helfen sollten, ein verletztes Einhorn abzuschießen.

Termite Ranger hatte noch gewagt, nach dem pädagogischen Wert dieser „Strafe" zu fragen, die verdächtig nach irgendeiner Art willkürlichem Sadismus aussah und bestimmt nicht zu einer Änderung des zukünftigen Verhaltens führen würde und eher dazu geeignet sei, die Schüler auszugrenzen statt sie wieder in das soziale Gefüge der Schule zu integrieren, aber da hatte McGonorrhöe ihr die Bacardi-Flasche an den Kopf geworfen.

Es war ihr also sehr Ernst.

Zitternd standen die vier Hogwutze mitten in der Nacht am Eingang des verbotenen Waldes. Er lag gleich neben dem geheimen Teich und der Mülltonne des Schreckens, an der noch die verwunschene Gießkanne stand, die Haggis wohl dort vergessen hatte.

Haggis traf die Schüler dann auch vor dem Tor zum verbotenen Wald. Rund um den Wald hatte man einen etwa fünfzehn Meter hohen Schutzwall aufgeschichtet, dessen Krone von einem mindestens noch einmal fünf Meter hohen elektrischen Zaun bedeckt war.

Haggis selbst trug einen schweren Panzeranzug mit Helm und in einer Hand eine gewaltige Armbrust. In einem Köcher steckten eine Menge Pfeile mit Widerhaken.

„Also Leute", verkündete der Wildhüter, „heute wollen wir etwas Hegen und Pflegen. Das heißt, wir werden auf alles schießen, was uns vor die Flinte kommt."

„Haggis, wir sind unbewaffnet!", heulte Larry.

„Ach ja. In dem Fall: bleibt einfach cool."

Haggis schloss das Tor zum verbotenen Wald auf. Aus dem Dunkel heulte eine Stimme: „Ich will euer Blut trinken!"

Haggis blieb wie angewurzelt stehen. „Das... äh... das macht der Wald immer. Kein Problem. Es gibt nichts, was uns gefährlich werden könnte. Trotzdem geht ihr besser vor."

Langsam pirschten sie sich durch das Unterholz. Der Mond schien hell auf die geheimnisvolle Szenerie.

„Sag mal Haggis, ich habe gehört, wir sollen ein Einhorn abschießen. Ist das nicht etwas grausam?", fragte Termite.

„Ja...", überlegte Larry, „wir sind doch Magier und könnten das Einhorn heilen. Sicherlich sollte es möglich sein, dass mächtigere Personen als wir in diesem Wald Nachforschungen anstellen. Warum fliegen hier nicht einfach unsere weisen Lehrer mit ihren Besen drüber?"

„Ähm..."

„Ach so. Ist aber gut, dass wir mal darüber geredet haben."

Langsam gingen sie den einzigen Pfad entlang. Die Bäume rückten eng zusammen und Larry fühlte viele tausend bleiche gewölbte Augen auf sich ruhen. Zwei schwarze Eichhörnchen hüpften über den Weg. Schließlich kamen sie an einen schwarzen Fluss. Haggis warnte sie davor, vom Wasser zu trinken. Larry sah am anderen Ufer ein Boot liegen.

„Müssen wir den Fluss überqueren?", fragte Delfeu ängstlich.

„Ach ja, du bist ja auch noch da", erinnerte sich Haggis. „Nein, den Fluss können wir nicht überqueren. Es soll ja schließlich nicht noch offensichtlicher werden, woher diese Szenerie stammt."

Und so schlichen sie leise am Flussufer entlang. Eigenartige Geräusche drangen an Larrys Ohren. Laub raschelte, Bäume rauschten, ein Streichholz wurde angezündet, Wind strich durch das Geäst, Haggis zog an seiner Tüte, eine Quelle murmelte munter vor sich hin, Larry erstickte fast in dem weißen nach Weihrauch riechenden Qualm, den Haggis hinter sich her zog.

Plötzlich richtete sich der Wildhüter gerade auf. „Da kommt der Tod!", schrie er und sprang in einen Busch. Voller Panik sprangen die Hogwutze hinterher.

„Wo? Wo?", rief Delfeu.

„Na dort!!", Haggis zeigte auf ein Ding, das hoch in den Himmel ragte. Es hatte einen Stamm, Äste und Blätter.

„Mit anderen Worten: ein Baum?", rief Termite.

„Ja! Ein Baum! Kommt euch das nicht unheimlich vor?"

„Wir sind in einem Wald, Haggis."

Haggis nahm noch einen tiefen Zug aus seinem Joint.

„Da kommt der Tod!", schrie er.

„Das ist jetzt abgenutzt", bemerkte Rum.

„Finde ich auch", antwortete eine dunkle Gestalt, die sich lautlos genähert hatte. Sie war fast zwei Meter groß, roch nach Verwesung und war in ein zerrissenes schwarzes Gewand gekleidet. In einer Hand hielt sie eine Sense. Mit anderen Worten: der Tod.

„Mann, hast du mich vielleicht erschreckt, Stan.", stöhnte Haggis.

„Tut mir leid. Oh, du hast Kinder dabei? Ich liebe Kinder. Hier, das ist für euch!" Freigiebig verteilte der Tod Zigaretten und Alkohol an die vier Hogwutz Schüler.

„Sag mal, hast du hier irgendetwas ungewöhnliches gesehen?", fragte Haggis den Tod.

„Ich bin der Tod, Haggis. Für mich ist nichts ungewöhnlich."

„Haben Sie vielleicht Professor Schnaps gesehen?", fragte Termite.

„Ja klar. Der verklappt gerade Dünnsäure in den kleinen Fluss. Sag mal, Kleine, hast du nicht Lust, Mitglied in einer Jugendbande zu werden? So könnten wir uns vielleicht in nächster Zeit mal wieder treffen..."

Ein hastiger Piepton kam aus des Todes Gewändern.

„Ach, so ein Ärger! Gerade wenn man sich so schön

unterhält." Der Tod fischte einen Pieper aus seinen Taschen. Er las ihn ab und stöhnte. „Wie es aussieht, wird mal wieder meine Anwesenheit gewünscht. In einem Chemiewerk hält eine Aushilfskraft das Lesen der Sicherheitsvorschriften für Zeitverschwendung."
Der Tod packte sein Sense und machte sich auf den Weg. „Bis dann mal. Früher oder später sehe ich euch sowieso."
„Ein netter Geselle, ist mir sehr sympathisch", erklärte Delfeu.
Haggis sah dem Tod eine Weile nach und zog gedankenverloren an seiner Tüte. „Tja, äh... was wollten wir eigentlich? Ach ja, wir suchen ein Einhorn..."
„Könnten wir das hier nehmen?", fragte Rum.
Etwa zwei Meter entfernt von ihnen lag ein übel zugerichtetes Einhorn, dessen Körper eher Ähnlichkeit mit Fleischsalat hatte. Larry bemerkte sofort, dass der Kopf fehlte. Um den Kadaver herum lagen etwa zehn Feen, die jemand mit Insektenspray behandelt hatte.
Schreiend stoben die Hogwutze und Haggis in fünf verschiedene Richtungen auseinander.
Larry rannte in die Dunkelheit und stolperte über einige Äste vor die Füße eines Zentaur. Diese

Kreatur, halb Mensch, halb Pferd, war mit einer halb zerrissenen Jeansjacke, einem gelben Schutzhelm und einer Sonnenbrille bekleidet.

„Grüße, Larry Otter! Mein Name ist Firlefanz."

„Woher weißt du, wer ich bin?"

„Das steht in den Sternen. Dein Aszendent ist Mars, gefolgt von Bounty mit etwas Snickers. Erwarte eine Überraschung im persönlichen Bereich. In Gelddingen sei vorsichtig, aber für eine neue Liebe ist es nie zu spät."

„Wie bitte?"

„Der Wald ist nicht sicher. Besonders nicht für dich. Ich muss dich zurück bringen. Schnell, klettere auf meinen Rücken!"

Firlefanz ging mit seinen Hinterläufen in die Knie und erlaubte Larry, von hinten bequem auf zu steigen.

Aber irgendwie klappte es nicht beim ersten Anlauf. Der Rücken des Zentaur erwies sich als zu glatt und abschüssig für unseren Zauberlehrling und Larry war gezwungen, sich mehrmals mühevoll bis zum Hals des eigenartigen Wesens hochzuarbeiten, wobei er aber immer wieder herunterrutschte.

Als Larry es endlich geschafft und Firlefanz erfolgreich bestiegen hatte, brachen zwei weitere

Zentauern durch das Unterholz, gefolgt von Haggis, Termite und Rum.

„Was sehen meine Augen!", entsetzte sich der erste Zentaur. Sein Name war Rübenmann und er trug eine Art blaue Uniform mit einem rundlichen Helm.

„Bist du eine gewöhnliche Deckstute?", rief der zweite Zentaur aus. Er hieß übrigens Bammel und trug dunkle Lederklamotten, eine Lederkappe und ein wenig zuviel Ketten.

„Wisst ihr denn nicht, wer das hier ist? Es ist der Otter Junge!"

„Ja und? Was hast du deiner Schnitte erzählt?", erboste sich Bammel. „Hast du ihm wieder weisgemacht, der Wald sei ein gefährlicher Ort und du müsstest ihn unbedingt hinausbringen?"

Firlefanz sah in den Himmel und pfiff.

„Und dabei ist heute Rigel im Transzendenten des Orion!", orakelte Rübenmann und deutete mit seinem Huf nach oben. „Wisst ihr nicht, was das bedeutet?"

„Keine Ahnung", antwortete Termite, „Sie deuten nämlich weder auf Rigel oder Orion, sondern auf das Sternbild des Löwen."

„Ja! Und das ist heute Abend besonders hell!"

„Eigentlich nicht. Die Beleuchtungswerte sind sogar unterdurchschnittlich."

Bammel warf beleidigt den Kopf in den Nacken. „Was versteht ihr Frauen denn schon davon."

„Jedenfalls habt ihr euch mit dunklen Mächten angelegt!", warnte Rübenmann. „Wisst ihr denn nicht, wozu man Einhornblut braucht?"

„Keine Ahnung", antwortete Rum, „wir haben bisher nur Einhornköpfe als Dekoration für unseren Delfinsalat benutzt. Schließlich respektieren wir doch die Tierwelt."

„Einhornblut wir dich am Leben erhalten, auch wenn du an der Schwelle des Todes stehst! Aber du bezahlst einen schrecklichen Preis dafür, dass du so etwas Reines und Unschuldiges auf dem Gewissen hast! So wie jeder in dieser Welt für einen solchen Frevel bezahlen muss!"

„Du meinst, ähnlich wie ein Aktienhändler, der dadurch steinreich wird, dass er eine Firma zugrunde richtet und Hunderte von Arbeitern um Lohn und Brot bringt?", fragte Larry.

„Oder wie ein Diktator, der genug Geld ins Ausland geschafft hat, nachdem er jahrelang ein Land ausgebeutet hat?", fragte Rum.

„Oder wie unsere Lehrer, die uns für Dinge bestrafen, die wir weder verursacht noch zu verantworten haben?", fragte Termite.

„Oder eine Autorin, die gängige Motive der fantastischen Literatur aus zwei Jahrhunderten zusammenklaut und damit Millionen scheffelt?", fragte Haggis.

„Genau. Das ist die Gerechtigkeit des Universums", bestätigte Firlefanz.

„Keine böse Tat geht unbelohnt davon", orakelte Rübenmann.

„Auf jeden Fall seht ihr, wohin die Geschichte führt!", flüsterte Bammel. „Wer hat wohl Interesse daran, in das Leben zurück zu kehren und diese Welt für immer in Dunkelheit zu stürzen? Könnt ihr denn immer noch nicht die geheimen Pläne sehen?"

„Aber ja!", rief Larry aus. „Vollidiot ist nicht tot. Er versteckt sich in diesem Wald, wo ihn niemand vermutet und auch nicht finden kann. Mit Hilfe des Einhornblutes erhält er sich am Leben, bis ihm Professor Schnaps den Knüppel aus dem Sack bringt. Damit kann Vollidiot die Herrschaft über die Erde übernehmen."

Die Zentauren sahen Larry erstaunt an. „Wie kommst du denn auf diesen kruden Unsinn?"

„Durch Kombination und Rückschlüsse auf bekannte Fakten."

„Wir halten uns lieber an die Sterne. Die Sterne lügen nie. Und in diesem Augenblick sagen sie, dass das Betamax-System einen glorreichen Siegeszug in der Welt antreten wird."

Das war das Schlusswort der Zentauren. Sie trabten wieder in den Wald ab, jedoch nicht ohne dass Firlefanz Larry genussvoll von seinem Rücken hinunter gleiten ließ.

„Von all den idiotischen und bekloppten Dingen, die mir auf Hogwutz passiert sind, rangiert das hier irgendwo im oberen Mittelfeld!", kommentierte Rum.

„Wir sollten lieber abhauen, solange wir noch können!", rief Larry.

„Meinst du, Du-weißt-schon-was ist bereits auf unserer Spur?"

„Nein, mir ist aufgefallen, dass Delfeu nicht mehr bei uns ist. Mit etwas Glück verreckt er hier im Wald."

Aber es war zu spät. Aus dem Unterholz trat Spacko Delfeu. Grinsend hielt er einen ramponierten Einhornkopf hoch. „Hat jemand Appetit auf Delfinsalat?", fragte er.

Kapitel 15:
Durch die Brust ins Auge

In den kommenden Jahren wusste Larry nie so recht, wie er sich durch das Abschlussexamen gepfuscht hatte, wo er doch jederzeit den entscheidenden Angriff von Vollidiot auf Hogwutz und die freie Welt erwartete. Und wieso trotz der drohenden Gefahr der Lehrbetrieb auf der Magierschule völlig normal weiterlief.

Immerhin gab es einen Haufen absolut unsinniger Prüfungen. Professor Fitzgig wollte sehen, ob die Schüler eine Mikrowellen-Mahlzeit nur mit ihrer Geisteskraft auftauen und zubereiten konnten. Professor McGonorrhöe ließ sie Wasser in Alkohol verwandeln. Es gab Punkte dazu, wenn es sich um in Eichenfässern gereiften Scotch handelte und Punktabzüge, wenn man nur Reinigungsalkohol schaffte. (McGonorrhöe prüfte jedes Ergebnis persönlich, indem sie einen Eiswürfel hineinwarf und das Glas schlürfend austrank. Am Ende der Prüfungen lag sie lallend unter dem Pult und vergab Noten eher willkürlich.) Professor Schnaps ließ seine Schüler Sarin, Phosgen und Senfgas herstellen, wobei er die Hälfte seiner Klasse ausrottete. Und der

Gastprofessor Uzuhl verlangte allen Ernstes, dass seine Schüler einen Stein anschrieen, um ihn zu zerstören. Das war sogar für Hogwutz-Verhältnisse zu albern.

Endlich waren die Prüfungen vorbei. Mit Erleichterung sah Larry, wie die Lehrer die mühevoll geschriebenen Klausurbögen mit dem Hogwutz-Stempel versahen, hefteten, plombierten, in verschiedenfarbige dicke Ledermappen ablegten und dann die verschiedenfarbigen dicken Ledermappen auf einen großen Scheiterhaufen warfen, um lachend in die Ferien zu fahren.

Das war der Zeitpunkt, als Larry einfiel, dass er etwas Wichtiges vergessen hatte. Aber er wusste einfach nicht mehr was. Erst als er sich am Abend entspannen konnte, fiel es ihm plötzlich siedend heiß ein. Haggis!

Minuten später waren Larry, Termite und Rum vor Haggis' Hütte.

„Haggis! Wir müssen mit dir reden!"

„Geht es um den Knüppel aus dem Sack? Und wem ich die Kombination verraten habe?"

Die drei Hogwutze sahen Haggis erstaunt an. „Nein, nein. Du hast uns doch eine Gratismitgliedschaft in deinem Strapsclub versprochen!"

Haggis kratzte sich mit seinen schmutzigen Fingern am Kopf. „Das kann schon sein, aber gerade jetzt wäre ein Besuch eher ungünstig."

„Und warum?"

Die Frage wurde von selbst beantwortet. Die Tür zu Haggis' Hütte flog auf. Heraus liefen zwei splitternackte kreischende Elfinnen, bedeckt mit Schokoladenpudding. Sie wurden verfolgt von Professor Brumblemore, ebenfalls splitternackt und mit Pudding bedeckt. In der Hand hielt er ein Bündel Sellerie und er trug einen Fliegerhelm. Brumblemore jagte die Elfinnen zweimal um die Hütte herum, bevor sie alle wieder kreischend und kichernd im Innern verschwanden.

„Was... macht... unser Professor Brumblemore denn da?", fragte Termite voller Erstaunen.

„Nach den Geräuschen zu urteilen nimmt er den beiden Mädels die mündliche Prüfung ab", erklärte Haggis.

Rum applaudierte. „Der hätte von mir stammen können."

Larry war aber weniger erfreut. „Versteht ihr denn nicht, was das heißt?", fragte er entsetzt. „Der Knüppel aus dem Sack ist schutzlos!"

Einen Augenblick war Stille.

„Ich meine: schutzloser. Wenn Vollidiot das ausnutzt und jetzt angreift!"

„Larry, Du-weißt-schon-was hat seit Monaten nicht angegriffen. Er hatte Tausende von Gelegenheiten. Nenne mir einen Grund, warum er es jetzt tun sollte!", argumentierte Rum.

„Es sind in diesem Schinken nur noch ein paar Seiten übrig!"

„Das ist allerdings ein starkes Argument. Auf zur Schule!"

Die Anzeichen, dass Vollidiot sich an diesem Tag des mächtigen magischen Artefakts bemächtigen würde, waren weithin sichtbar. Eine Parade von schwarzen Grabunholden probte bereits vor Hogwutz für die triumphale Rückkehr des dunklen Lords. Vampire und Dämonen markierten schon ihre Parkplätze.

„Es ist heute! Auf zur Falltür!", rief Larry.

„Was für eine Falltür?", fragte Rum.

„Die Falltür, die zum Versteck des Knüppel aus dem Sack führt, du Dummkopf!"

„Wir lassen wirklich kein Klischee aus."

Aber bevor die drei Freunde noch die Große Halle durchquert hatten, stellte sich ihnen Professor McGonorrhöe in den Weg. Termite erzählte ihr, was sie bereits herausgefunden hatten, legte ihr die Fakten dar und zeigte auf, in welcher Gefahr sich die freie Welt befand.

McGonorrhöe weigerte sich selbstverständlich und verwies auf §1 der Hogwutz-Ordnung: „Die Arroganz des Lehrkörpers ist unendlich."

Rum drückte ihr seinen Flachmann in die Hand und machte sie auf die Tatsache aufmerksam, dass er randvoll mit dem besten Bacardi Black war.

Darauf trat §2 der Hogwutz-Ordnung in Kraft: „Vertraue das Schicksal der Welt ruhig drei Rotznasen an."

„Wenigstens gibt es hier noch Traditionen, auf die Verlass ist!", meinte Rum, als sie durch die Gänge liefen und die Treppe zum Keller fanden.

Aber es war gar nicht so einfach, die besagte Falltür ausfindig zu machen. Es gab deren nämlich einige in diesem feuchten pilzbefallenen Loch, auf dem das Hogwutz-Gemäuer stand. Larry musste seine Kombinationsgabe mächtig anstrengen, da die Falltüren von verschiedenen phantastischen Tieren bewacht wurden. Auf einer saß ein Hund mit drei Köpfen. Auf einer anderen eine Katze mit acht Beinen. Dann wieder ein Pferd mit sechs Ohren und schließlich ein ganz normales Meerschweinchen, das allerdings Tarnkleidung und einen Stahlhelm trug.

„Wie sollen wir nun die richtige Falltür finden?", heulte Termite.

„Es ist die dort!", meinte Larry und zeigte auf ein halb verfallenes Ding neben einem gähnenden Loch im Boden. Es wurde von keinem Tier bewacht, aber ein albernes Fahrradschloss lag daneben.

„Schnaps war schon hier!", heulte Termite. „Selbst die mächtige Magie des Fahrradschlosses konnte ihn nicht aufhalten!"

„Was für eine mächtige Magie? Der Trottel Brumblemore hat das Schloss einfach neben die Falltür gelegt!", rief Larry aus.

„Woher weißt du, dass es Brumblemore war?", fragte Termite.

„Das Schloss ist mit Schokoladenpudding vollgeschmiert!"

„Vielleicht hat er auf die abschreckende moralische Wirkung gehofft? Ähnlich wie der Gerichtshof in Den Haag?"

Übereinstimmend traten Rum und Larry Termite in den Hintern und beförderten sie in die Tiefe hinab. Als sie nach einiger Zeit nichts hörten, sprangen sie selbst. Tatsächlich landeten sie weich.

Auf Termite nämlich, die weniger weich gelandet war.

„Dieses weiche Zeug ist wahrscheinlich hier, um den Fall aufzufangen!"

„ICH bin dieses weiche Zeug!", fauchte Termite.

„Sage ich ja. Aber wie geht es jetzt weiter?"

Sie sahen sich um. Die Wände waren mit einem eigenartigen Kraut bewachsen, das bereits schmatzend seine Fühler nach ihnen ausstreckte.

„Ein genetisch verändertes Gänseblümchen!", identifizierte Termite. „Wie sollen wir an diesem Schreckenskraut bloß vorbeikommen?"

Rum lächelte. „Das ist ein Fall für ein mächtiges magisches Elixier!"

Und aus einem Fläschchen kippte er eine farblose Flüssigkeit über das botanische Monstrum. Sofort verwandelte es sich in ein braunes Kompostklümpchen.

„Wie heißt dieser Trank?", wollte Termite wissen.

„Agent Orange."

Und so gelangten sie in den nächsten Raum. Er war etwas größer, stank noch mehr nach fauligem Wasser und Pilzen und hatte auf der gegenüberliegenden Seite eine große schwere Holztür.

An der Decke flogen viele Hunderte von Schlüsseln.

„Ich verstehe!", rief Rum aus. „Wir müssen den richtigen Schlüssel suchen. Wir steigen auf fliegende Besen, die jemand praktischerweise hier schon hingelegt hat - sogar drei Stück, welch ein unglaublicher Zufall - und dann muss Larry sein Talent als Quietschdich-Fänger anwenden, um den richtigen Schlüssel zu greifen."

„Völliger Blödsinn!", meinte Larry. „Das würde ja bedeuten, diese Sicherung wäre ausschließlich für uns erfunden! Welcher unserer verkalkten Lehrer wäre denn schnell genug, sich den richtigen Schlüssel zu schnappen?"

Termite ging seelenruhig bis zur Holztür. „Und da wir gerade von Handlungslücken reden..." Sie drückte die Klinke herunter. Die Tür war natürlich offen. „Ist nicht Professor Schnaps kurz vor uns hier gewesen? Bedeutet das nicht, dass er hat die Tür aufgeschlossen haben muss?"

Rum zuckte die Schultern. „Langsam glaube ich, die logischen Brüche in diesem Schinken sind so groß, dass ein Lastwagen hindurch passt!"

„Eher ein Flugzeugträger. Wir hinterlassen besser eine Notiz an die Autorin, solchen Schwachsinn mit umständlichen Hilfsargumentationen wegzureden, z.B. dass sich die Tür wieder magisch von selbst verschließt."

Aber der nächste Raum sollte sich als noch unausgegorener als der voran gegangene erweisen. Es handelte sich nämlich um eine große Halle mit einem lebenden Schachspiel.

„Keiner von uns kann Schach spielen!", heulte Termite auf. Wie üblich hatte sie Recht. Rum hatte es zwar einmal versucht, aber er war bereits von einem Glas Orangensaft mühelos geschlagen worden.

Das qualifizierte ihn mehr als jeden anderen, das Schachspiel zu leiten. Zunächst versuchte er, die Badstraße und den Westbahnhof zu kaufen, aber der schwarze Läufer trat ihm in den Hintern. Also versuchte Rum es mit einer geschlossen vorrückenden Bauernreihe, die den Gegner verwirren sollte. Die Verwirrung war dann aber eher auf der Seite der Hogwutze.

Larry kletterte auf einen Turm und versuchte, die weißen Bauern durch Propaganda zu infiltrieren und zu einer Revolte gegen das Unterdrückungsregime des weißen Königs und seiner Vasallen aufzurufen.

Auch dieser an Genialität nicht mehr zu überbietende Plan schlug fehl. Schließlich hatten die weißen Stücke die Hogwutze Schachmatt gesetzt. Da fiel

Larry ein, dass er die Sache wohl völlig falsch angefasst hatte. In einer flammenden Rede an die eigenen Stücke machte er Rum für das vollständige Versagen im zurückliegenden Konflikt und die jetzige Misere verantwortlich. Den weißen Stücken bot er schließlich die Auslieferung des „Kriegstreibers" an.

Weiße wie schwarze Figuren stürzten sich schließlich auf Rum.

„Meinst du, dass er wieder okay wird?", fragte Termite besorgt, als sie und Larry sich durch die nächste Tür davon machten.

„Aber sicher." Das letzte, was sie sahen, war, wie die weiße Dame Rums Dickdarm um den schwarzen Turm wickelte.

Der vierte Raum war leer. Larry und Termite wunderten sich zwar, aber es blieb dabei: der Raum war leer.

Im fünften Raum jedoch stand ein Ticketautomat, wie er an jedem Bahnhof zu finden ist. Neben der Tür, die in den nächsten Raum führte, war ein Entwerter angebracht.

„Es ist doch wirklich ein unglaublicher Zufall, dass Hogwutz über eine Reihe gerader, durch jeweils eine Tür verbundene Kellerräume verfügt, die exakt die

Anzahl der Hauptlehrer darstellen...", murmelte Larry.

Termite las inzwischen den Text auf dem Ticketautomaten:

> *„Ziehe zweite Wagenklasse,*
> *außer an Sonn- und Feiertagen.*
> *Den IC-Zuschlag nicht lasse,*
> *sonst darfst du alles wagen.*
> *Zug verkehrt nicht am 1. Mai,*
> *doch der Interregio kommt vorbei.*
>
> *Unterscheide Stadt- und Straßenbahn,*
> *ob Einzeln oder in Gruppen fahr'n,*
> *Fahrrad oder Hund dabei,*
> *sind es der Zuschläge zwei."*

„Brillant!", rief Termite aus. „Das ist keine Magie, sondern ein Rätsel. Die meisten Magier haben von Logik keine Ahnung, ähnlich wie zwei gewisse Schüler, die ich kenne." Termite hob ihren Zeigefinger. „Hier handelt es sich um die Szene, wo ich meinen überlegenen Intellekt in Übereinstimmung mit den gruppensozialen Zielen einsetzen kann. Damit bin ich akzeptiert und integriert und für die Fortsetzungen eine legitime Protagonistin."

„Ich habe keine Ahnung, was du da laberst", gab Larry zu bedenken. „Aber wir brauchen gar nicht zu warten, bis du die richtige Fahrkarte herausgeknobelt hast."

Larry gab dem Entwerter einen saftigen Tritt. „Ich fahre einfach Schwarz."

Damit ging er durch die Tür in den letzten Raum und lies Termite ziemlich angefressen zurück.

Natürlich war im letzten Raum jemand anwesend. Aber es war nicht Professor Schnaps. Es war auch nicht Vollidiot. Es waren noch nicht einmal die Oberkrainer Musikanten.

Kapitel 16:
Kein Anschluss unter dieser Nummer.

Es war Ronald Reagan.
„Sie!", keuchte Larry.
„Ja, ich!", rief Ronnie aus. „Ich, der einundvierzigste Präsident der Vereinigten Staaten. Ich bin wieder zurück!"
War doch nur Spaß. Es war natürlich *nicht* Ronald Reagan.

Es war Professor Quirl.
„Sie!", keuchte Larry.
„Ja, ich!", rief Professor Quirl. „Wer hätte mich denn schon vermutet?"
„Jeder, der einen Agatha Christie Krimi auch nur im Regal gesehen hat", konterte Larry. „Es ist nie derjenige, den man verdächtigt, sondern immer eine unbedeutende Nebenfigur. Denken Sie bitte an die Regel, wonach der verrückte Irre den netten Helden nie sofort umbringen darf, sondern ihn erst noch seine teuflischen Pläne erklären muss!"
„Natürlich. Wenn wir schon Klischees reiten, dann bis zum Ende."

Quirl schnippte und ein 10-Tonnen Gewicht schlug neben Larry ein. „Ups, eigentlich wollte ich dich fesseln." Und das tat er dann auch - und zwar mit zwei Handschellen, die er aus Haggis' Club hatte. („Reines Anschauungsmaterial")

Dann erst konnte Larry sehen, womit sich Professor Quirl beschäftigte. Es war der berüchtigte Spiegel von Anigav!

Quril starrte intensiv in den Spiegel.

„So finden Sie den Knüppel aus dem Sack nie!", rief Larry.

„Wer sagt denn das? Ich sehe mich mit den California Dream Girls!" Sabbernd hing Quirl wieder vor dem Spiegel.

„Hör auf damit, du Dummkopf! Oder lasse mich auch mal hineinsehen!", ertönte plötzlich eine Stimme.

„Jawohl, mein Lord!", antwortete Quirl.

Larry sah sich um. „Vollidiot ist hier?!"

„Er ist immer bei mir..." Und Quirl nahm die Keksdose von seinem Kopf.

Larry kreische auf. „Sie haben eine Glatze!"

In der Tat war Professor Quirl ziemlich kahl. Aber langsam lies er seine Hose herunter. Larry unterdrückte einen Brechreiz. Quirl drehte sich langsam herum. Dort, wo eigentlich sein Hintern sein müsste, war ein Gesicht. Das hässlichste Gesicht, das Larry jemals gesehen hatte. Und es sah ziemlich plattgesessen aus.

„Siehst du, was aus mir geworden ist?", sprach das Gesicht. „Nur noch ein Schatten. Und von allen Wirtskörpern der Welt musste ich ausgerechnet jemanden finden, dessen Lieblingsgericht Bohnensuppe Texas Art ist!"

„Und ich wunderte mich schon, woher Ihr widerlicher Mundgeruch kommt."

„Ich will den Knüppel aus dem Sack", sprach der Hintern weiter, „und den Quellcode zu Windows. Und die Filmrechte für dieses Buch!"

„Wenn Sie glauben, dass ich Ihnen diese Dinge einfach in den Hintern stecke, dann haben Sie sich aber getäuscht." Larry stoppte einen Augenblick. „Ich sprach nur metaphorisch."

Vollidiots Gesicht kam bedrohlich nahe. „Larry, du hast keine Ahnung, wie groß meine Macht wirklich geworden ist! Weißt du nicht, warum ich Quirl gezwungen habe, Einhornblut zu trinken?"

„Weil es das Leben verlängert?"

„So ein Unsinn. Einhornblut verursacht den schlimmsten Blitzdurchfall der Welt!"

Ein unheimliches Grummeln ging durch Professor Quirls Eingeweide. Vollidiots Gesicht verzog sich zu einem teuflischen Grinsen.

„Noch ein letztes Wort, bevor du tief in der Kacke steckst?" Vollidiot stoppte einen Augenblick. „Und ich spreche nicht metaphorisch!"

„Ääh, ja! Ich frage mich, wie Sie durch die Fallen gekommen sind. Das muss doch eine unglaubliche Mühe gewesen sein!"

„Nicht wirklich. Das einzige ernsthafte Hindernis war der menschenfressende Riesentroll im vierten Raum. Aber da das Professor Quirls eigene Falle war, hatten wir auch da keine Schwierigkeiten. Du hast ja den toten Troll gesehen!"

Larry wich einen Schritt zurück. „Der vierte Raum war leer. Und der angeblich tote Troll steht hinter Ihnen."

„Netter Versuch, Larry!", höhnte Vollidiot.

„Aaaaa!", schrie Professor Quirl.

„FUTTER!", brüllte der menschenfressende Riesentroll und fraß Quirl inklusive seines animierten Hinterns mit einem Haps auf.

Dann allerdings musste der Riesentroll erkennen, wie wahr Vollidiots Information über Einhornblut war.

Es verursachte wirklich einen fürchterlichen Durchfall, gegen den Typhus eine reine Erholung ist.

„Larry? Larry? Larry!!!"
Larry öffnete die Augen. Er lag auf einem Haufen Abfall. Um ihn herum lagen ein paar schmutzige Lumpen. Neben ihm stand ein verrosteter Tisch, auf dem ebenso rostige medizinische Instrumente sowie eine Bohrmaschine lagen.
Irgendwelche Krabbelviecher liefen herum. Es gab keinen Zweifel: dies war die Krankenstation von Hogwutz.
Professor Brumblemores verwaschenes Grinsen tauchte in Larrys Gesichtskreis auf.
„Ich glaube, er ist verstorben, Madame Pompeia. Oh, welche Trauer! Wir verkaufen am besten seine Organe, bevor sie verwesen. Ich erhebe Anspruch auf die linke Niere."
„Ich bin nicht tot!", protestierte Larry.
„Bist du sicher?", fragte Brumblemore.
„Könnte ich sonst mit Ihnen reden?!"
„Ich habe mit Leichen geredet, die mir überzeugter vorgespielt haben, am Leben zu sein."
„Ich lebe noch."

„Na gut, ich glaube dir." Brumblemore grummelte etwas vor sich hin und kaute an seinem Zauberstab. „Was ist eigentlich geschehen?", rief Larry aus. „Wo ist der Knüppel aus dem Sack? Und der Troll?"
Brumblemore, offensichtlich nicht recht daran gewöhnt die Rolle des weisen Übervaters zu spielen, seufzte. „Der arme Troll. Es scheint so, als sei er an Magenverschlingung elendig eingegangen. Wir haben dich gerade noch rechtzeitig gerettet. Du stecktest buchstäblich bis zum Hals in der braunen Masse. Oh weh, oh weh!"
„Vollidiots Fluch wäre also beinah in Erfüllung gegangen. Dann habe ich wohl gekämpft, bis Sie, vermutlich durch den geistesgegenwärtigen Hilferuf Termites, mich im letzten Augenblick retteten?"
Brumblemore kratzte sich am Hintern. „Du hast eine eigenartige Fantasie. Ich wollte mir bloß eine Pulle Bier aus dem Keller holen. Und da habe ich die Bescherung gesehen, die der Troll angerichtet hat. In dem letzten Keller waren meine gesamten Biervorräte und besseren Alkoholika. Die hatte ich vor der alten Schachtel Gonorrhöe versteckt. Und mein Grasvorrat. Den hatte ich vor dem Penner Haggis in Sicherheit gebracht. Ich hatte sogar den

Spiegel von Anigav in den Keller gestellt. Zur Abschreckung."

„Dann ging es also gar nicht um den Knüppel aus dem Sack?"

„Nein, natürlich nicht. Den hatten wir schon zerstört, als Haggis ihn aus Grinkotz abholte. Das wäre doch ein unverantwortliches Spiel mit dem Feuer gewesen, einen solch mächtigen Gegenstand so offensichtlich aufzubewahren, wenn wir doch von Anfang an die Möglichkeit gehabt haben, ihn unschädlich zu machen, oder? So blöde kann doch keiner sein."

Larry nickte. „Aber warum dann dieses ganze Theater? Wollten Sie Vollidiot aus der Deckung locken?"

Brumblemore kratzte sich am Kopf. Man konnte fast das Knirschen seinen Verstandes hören, als dieser aussetzte. „Äh, ja natürlich. Wir folgen immer einem wohldurchdachten Masterplan." Und damit schob er sich seinen Zauberstab bis zum Anschlag in die Nase.

Und damit kommen wir schon an das Ende dieses außerordentlichen Schuljahres auf Hogwutz. Als letzten Autoritätsbeweis des verkalkten Klassensystems stand noch die große Abschlussfeier auf dem Programm. Wie zu Beginn des Schuljahres waren alle großen und kleinen Hogwutze in der Großen Halle versammelt. Alles schrie und kreischte durcheinander, während man sich Münder und Taschen mit all dem Essen voll stopfte, das man erreichen konnte.

Auch die Lehrer waren vollständig anwesend, allerdings lag auf Professor Quirls Platz nur eine leere Keksdose, an die man eine Stellenanzeige getackert hatte. Gerüchte besagten, dass sich schon der ein oder andere Werwolf darauf gemeldet hätte.

Als Larry in die Große Halle kam, hätte die allgemein debile Indifferenz nicht größer sein können. Mit Hilfe seiner Ellbogen und dem abscheulichen Gestank von Trollkot, der immer noch an ihm haftete, schaffte es Larry schließlich, sich bis zu Termite und Rum durchzuboxen. Diese zeigten wenig bis kein Interesse an seiner abenteuerlichen Geschichte von Professor Quirl und dem animierten Hinterteil. Erst, als Larry die Geschichte auszuschmücken begann und behauptete, die nackten Elfinnen hätten ihn gerettet, zeigte Rum etwas Interesse. (Er trug übrigens immer noch eine Menge Gipsverband und war ziemlich sauer über Larrys Hetzrede, die ihm die Prügel der Schachfiguren eingebracht hatte. Termite wollte Larry noch in eine philosophische Diskussion verwickeln, wonach er streng genommen das letzte Rätsel nicht gelöst, sondern umgangen habe, aber jemand steckte ihr eine alte Tennissocke in den Mund.)

Brumblemore erhob sich und bat um Ruhe. Selbstverständlich wurde er ignoriert.

Professor Schnaps, dem man seine schlechte Laune ansah, kippte etwas Napalm über die vorderen Schüler aus. Das Geschrei der brennenden Zöglinge sorgte endlich für den gewünschten Effekt. Brumblemore konnte seine Rede halten.

„Meine lieben Schüler! Dank der fetten Schecks eurer Eltern sind die Gehälter der Lehrer für ein weiteres Schuljahr gesichert. Da es dieses Jahr keinerlei besondere Vorkommnisse gab, könnt ihr nach Hause abtraben. Freie Bahn dem Marschallplan."

Brumblemore setzte sich wieder und zog zufrieden an einem Joint. Professor McGonorrhöe musste ihm das Schienenbein wund treten, bevor er wieder aufstand.

„Wir müssen außerdem den Hauspokal vergeben. Dieser besteht aus einem Haufen gefriergetrockneter Schweinesülze. Warum ihn irgendjemand haben will,

ist mir völlig unbegreiflich. Die Punkte stehen wie folgt: Haus Greifhihndir, Platz vier mit 14,5 Punkten. Haus Puffelmuff, Platz drei mit 17 Punkten, Haus Reifenklau Platz zwei mit 21 Punkten und Haus Schlitzerin auf Platz eins mit hundertsechzehn Trillionen Punkten."
Tosender Jubel bei den Schlitzerins. (Auch einige unterbelichtete Puffelmuffs applaudierten, weil sie nichts verstanden hatten.)
Die Schlitzerins holten ihre Standarten heraus und schwenkten sie herum. Spacko Delfeu brüllte irgendetwas von überlegener Reinrassigkeit und der Ankunft der Neuen Weltordnung.
„Wie dem auch sei", brüllte plötzlich Brumblemore und seine Stimme schien hundertfach verstärkt zu sein, vermutlich, weil er endlich das Mikrophon gefunden hatte. „In den letzten Tagen hat es einige Ereignisse gegeben, die wir noch in Berechnung ziehen müssen. Darum ist der Punktestand nicht endgültig."
Eisiges Schweigen herrschte auf einmal auf Seiten der Schlitzerins.
„Zunächst einmal stellte sich heraus, dass der von Seiten der Schlitzerins an uns Lehrer verschenkte Alkohol zum größten Teil aus gegorenem

Schweineurin bestand. Dafür ziehen wir dem Haus Schlitzerin hundert Trillionen Punkte wieder ab."

In die Stille hinein ertönte das Klirren einer Bacardi-Flasche, die Professor McGonorrhöe angewidert von sich warf.

„Zweitens sind die Schecks der Schlitzerins fast alle geplatzt. Das männliche Kollegium hat nun hohe Schulden beim Betreiber eines gewissen Strapsclubs."

Ärgerliches Gemurmel und wütende Blicke der männlichen Lehrer trafen Haggis, der grinsend mit einigen Schuldscheinen winkte.

„Dafür ziehen wir Schlitzerin weitere sechzehn Trillionen Punkte ab."

Heftige Hassausbrüche bei Schlitzerin. Die anderen Häuser jubelten. Wer rechnen konnte (und das waren nur wenige) hatte festgestellt, dass Schlitzerin jetzt an letzter Stelle lag.

„Und nun kommen wir zu Greifihndir. Das Verhalten von Termite Ranger, Rum Beatley und nichts zuletzt von Larry Otter hat uns etwas gelehrt. Besonders uns Lehrern. Und zwar eine Sache, die wir viel zu oft vergessen. Nämlich, dass wir euch kleine Zecken wie die Pest hassen. Darum ziehen wir allen anderen Häusern jeweils eine Million Punkte ab. Damit steht der Sieger fest: Haus Schlitzerin mit Null Punkten, alle anderen Häuser im Minusbereich. Und jetzt lasst mich in Ruhe kiffen."

Ein Beobachter hätte meinen Können, die Große Halle wäre explodiert. Hogwutze aller Altersstufen und Hauszugehörigkeiten stürzten sich wahllos aufeinander und prügelten sich gegenseitig den Verstand aus dem Leib.

Die Schlacht dauerte einen ganzen Tag und brachte keinen direkten Sieger hervor.

Als Lehrer will man schließlich auch seinen Spaß haben.

Aber auch der Rauch des größten Krawalls legt sich einmal. Die Hogwutze wurden wieder in den bekannten Zug gesteckt (manche in Zinksärgen) und nach London gekarrt. Auch die Schüler, die nicht aus London oder gar aus England kamen. Hogwutz hatte nun mal nur die eine Zuglinie. Und die hielt in King's Cross, basta.

Larrys nette Stiefeltern, die Morsleys, standen schon bereit, ihn abzuholen. Gerade hatte Larry noch Zeit, sich von Rum und Termite zu verabschieden, als ihm Onkel Varmint schon eins mit einem Totschläger über die Rübe zog, um ihn dann in den Kofferraum des Familienautos zu werfen. Dudley tat von sich aus noch eine Schachtel fleischfressender bolivianischer Riesenameisen dazu, dann fuhr man auch schon Richtung Autopresse.